智元微库
OPEN MIND

成 长 也 是 一 种 美 好

善读

企业家如何
在阅读中精进成长

总裁读书会 —————————— 编著

人民邮电出版社

北京

图书在版编目（CIP）数据

善读：企业家如何在阅读中精进成长 / 总裁读书会
编著. -- 北京：人民邮电出版社，2024.6
ISBN 978-7-115-64245-5

Ⅰ．①善… Ⅱ．①总… Ⅲ．①企业－读书活动－中国
Ⅳ．①G252.17

中国国家版本馆CIP数据核字(2024)第077421号

◆编　　著　总裁读书会
责任编辑　刘艳静
责任印制　周昇亮
◆人民邮电出版社出版发行　　北京市丰台区成寿寺路 11 号
邮编 100164　　电子邮件 315@ptpress.com.cn
网址 https://www.ptpress.com.cn
三河市中晟雅豪印务有限公司印刷
◆开本：880×1230　1/32
印张：9.5　　　　　　　　　　　2024 年 6 月第 1 版
字数：300 千字　　　　　　　　2024 年 6 月河北第 1 次印刷

定　价：89.80 元
读者服务热线：（010）67630125　印装质量热线：（010）81055316
反盗版热线：（010）81055315
广告经营许可证：京东市监广登字 20170147 号

推荐序

宋志平
中国企业改革与发展研究会首席专家
中国上市公司协会会长
总裁读书会全国领读者联盟创始主席

在这个人工智能叠加知识经济的"快"时代，读书是让人们"慢"下来、"深"思考的重要途径。

书籍是智慧的钥匙，能够传递知识、激发灵感、启迪思维和开阔视野。读书对于做好企业意义重大，它能够培养我们的专注精神，让我们在纷繁复杂的商业环境中保持淡定和从容。

读书，对我来说，不仅是一种需要，更是一种习惯的生活方式。我曾在多个场合分享我的读书生活，无论是在飞机上、在床头，还是在出差的旅途中，书籍总是我最好的伴侣。我读的书范围广泛，从政治政策到社会发展，从经济类到企业管理类，再到有思想性的文学作品，我都有所涉猎。这些书籍不仅让我丰富了知识，增长了智慧，也为我解决工作中的实际问题提供了思路、灵感和工具方法。做企业既要实践又要读书。读书是学习他人的实践，自己的实践经验是有限的，而通过读书获得的他人的实践经验和体会却是无限的。

古人云："书中自有黄金屋。"我更坚信书中更有我们企业家所需的智慧和力量，因而"书中自有 500 强"。我做 500 强的知识和智慧从哪里来？从读书实践中来。既读书又践行，知行合一，是所有成功企业家的真实写照。不读书，心中没有点儿数，怎么能做好企业？"百战归来再读书"，实践中的迷茫和感悟也必须回到书中来化解。对我来说，读书践行，写书分享，似乎就是对我做 500 强领导力、行动力的全部概括。

我与总裁读书会的渊源始于 2016 年，我受邀参加北京电视台的《总裁读书会》节目，我去分享了彼得·德鲁克的《创新与企业家精神》。实际上不是简单的节目录制，现场来的大多是企业家、创业者，他们共同的标签都是读书人，现场的氛围与互动感觉也特别好，我很喜欢这种活动形式。后来我邀请这个节目的制片人刘世英先生一起交谈，我非常支持他关于选书和领读很重要等理念和想法，并邀请他加入中企研[1]的工作团队。从那时候开始，我几乎每年在总裁读书会分享一本书，我的新书也经常在总裁读书会被企业家领读推荐。2018 年，为了更多链接参与《总裁读书会》领读分享的企业家志愿者，共同为倡导全民阅读，为更好推进读书会系列活动的开展做贡献，我们与节目组共同发起了总裁读书会全国领读者联盟，我被大家推荐为领读者联盟主席。这些年领读者联盟成员像滚雪球一样越滚越多，聚拢了很多

---

1. 即中国企业改革和发展研究会。——编者注

善读：企业家如何在阅读中精进成长

爱读书的企业家。每每我们在一起交流时，感觉特别愉快与放松，许多人素未谋面却一见如故，这是因为我们都是一类人，都是特别有情怀和对国家民族有着特殊责任感的人。领读者联盟真是一座富矿，是一笔宝贵的社会财富。

这些年，作为领读者联盟主席，我带头做好领读者，我在总裁读书会推荐了 5 本书，大家很喜欢，我也很欣慰。总裁读书会的模式是每期读书节目都要认真讲透一本书。领读者分享自己读过的最受益或最受启发、最有推荐价值的书；节目中需要 TED 式脱稿演讲、访谈中跟高手过招、商学院环节经常要面对刁钻的学员提问，不好好准备还真不好过关。我每次答应来做分享时都会发现，虽然很多书我以前都读过，但真要站在镜头前给大家流畅地分享，还都得提前好好准备，直到内化于心，才能娓娓道来。每次分享都得有新感悟、新思想、新体会，不能炒旧饭，还真是不容易。"一招鲜吃遍天"，在总裁读书会行不通，他们的粉丝忠诚度高，很多人一直跟了七八年。我在总裁读书会每次跟大家真诚交流都有新货、干货，没有浪费大家的时间，他们也是真读真学，跟他们交流感觉找到了知音。"谈笑有鸿儒，往来无白丁"，有这样一批书友，让我十分高兴！

在这个信息爆炸的时代，我们每个人都面临着信息过载的挑战。如何在浩瀚的书海中找到真正有价值的书籍，如何在忙碌的工作中挤出时间来阅读，总裁读书会提供了不错的选择。每年总裁读书会都会邀请各行业的翘楚大咖、领军人物分享好书，其累计超过 300 本，并且这个数量在不断增加，就是为了谋求企业阅读的最大公约数。在学习中有迷茫很正常，跟总裁读书会一起读书是一个有效率的方式。从过往分享的好书中挑选精华内容结集出版，是个好主意，《善读：企业家如何在阅读中精进成长》一书的出版是个良好的开端。在这本书中，24 位领读者从不同的角度出发，分享了阅读对于个人成长和企业创新的深远影响。书中的每一篇文章，都饱含企业家的深刻感悟思考和对读书重要性、有用性的实践证明。从中我们不难感受到阅读的力量。小小一册书凝聚多少智慧精华，堪称是思想的大餐。

我特别推荐给大家的不仅是阅读的内容，更是读书的方法和态度。这本书给出了一个示范，告诉我们，企业家应当如何在繁忙的工作中找到阅读的时间，如何在阅读中激发创业的热情，寻找到创新的灵感；如何让阅读帮助实现个人心智成长和企业与时俱进、持续发展。

总裁读书会通过书单遴选和领读者示范解读，不仅推动阅读成为企业家成长的自觉行动，而且也希望为促进书香企业建设推动企业全员阅读提供服务。我觉得这项工作很有意义。其实通过企业阅读提高全员素质完全应该而且可行，企业完全有动机、有能力，也有收益。在我国，企业从业人员有七八亿，如果广大企业广泛推动全员读书，将把全民阅读活动真正扎实落地，由企业全员阅读带动影响家庭阅读、社会阅读，作用力更强、推力更足，由此助力全民阅读扎实落地，共建书香中国。

目录

contents

一 实践·躬身入局

一　创业·玉汝于成

创新·源头活水

问渠那得清如许？为有源头活水来。

——朱熹·《观书有感》

宋志平
中国建材集团原董事长、党委书记，
中国上市公司协会会长、中国企业改革与发展研究会会长

善读：企业家如何在阅读中精进成长

创新可以学习，
并且能够复制

——

宋志平 领读

《创新与企业家精神》

　　《创新与企业家精神》[1]是一本基于创新又强调行动的书，是全球管理者必读的经典之作！很多人都觉得创新比较神秘，认为创新不是一般人能做到的，觉得创新有很大的风险。彼得·德鲁克先生在这本书里讲到，创新是可以学习的，是可以复制的。我之所以推荐这本书给大家，是因为我们处在一个经济结构调整的时期。德鲁克先生的这本书非常契合我们今天的情况，值得当下中国创业者细细品读。

---

1. 考虑到版本不同的问题，本书中书名皆仅列出主书名。
　　——编者注

我是宋志平，我推荐给各位读者的书是德鲁克先生的《创新与企业家精神》。德鲁克先生的这本书是 1985 年出版的，它的写作时间实际上是在 1965 年到 1985 年之间，当时美国的经济和全球经济一样，遇到了阶段性的衰退，这在当时被称为康德拉季耶夫周期。第二次世界大战之后，虽然世界上的大部分地区的经济都开始衰退，尤其是欧洲，但是美国的经济却逐渐繁荣，提供了 4000 多万个新的就业岗位。德鲁克先生的这本书就以此为背景，讲述在美国到底发生了什么。他认为，发生这一切的原因，实际上是美国的经济由管理型经济变为了企业型经济，也就是说，是创业者们使美国度过了经济的衰退。

为什么我推荐大家读这本书呢？因为我们今天正处在一个经济结构调整的时期，德鲁克先生的这本书非常契合我们今天的情况。德鲁克先生在这本书里主要讲了什么观点呢？实际上，他主要讲了 3 个观点。

01　进行有目的的创新

通常，大家会觉得创新比较神秘，认为创新不是一般人能做的，觉得创新有很大的风险。德鲁克先生在这本书里讲到，创新是可以学习的，是可以复制的。

德鲁克先生从事管理学研究，1954 年他出版了第一本书——《管理的实践》，之后陆续出了二三十本著作。把管理作为学科的观点，这是德鲁克先生开创的。同样，在 1985 年，德鲁克先生希望把创新也作为一个学科，让大家知道创新也是可以学习的。这本书最先讲的就是人们可以进行有目的的创新——他认为有目的的创新可以减少 90% 的风险。

针对这个问题，我也可以举一个例子，就拿中国建材[1]来讲，其实中国建材有很多创新都是有目的的创新。那时，我们有两个创新活动。一个是我们成功地开发了碳纤维 T800。碳纤维是一种高科技的产品，过去我们主要靠进口，一些发达国家又来限制我们。但是差不多在 10 年以前，我们选择了这个方向，经过了10 年左右，我们的产品先从 T300 到 T700，再到 T800，然后大规模地下线，解决了我们国家 60% 左右的市场需求。这样的创新，就是有目的的创新。

创新不应该是盲目的，我们要选择有目的的创新。现在的企业既需要赚钱，也需要通过创新去减少风险。

再给大家举个例子，让大家可以更好地理解什么是有目的的创新。比如手机，手机屏幕上有一片玻璃，这片玻璃我们叫它TFT[2] 玻璃，过去也是由美国的康宁公司和日本的旭硝子玻璃股份有限公司提供的，他们一直垄断我们的市场。但是在几年前，中国建材决定攻克这片玻璃的技术难关。现在我可以告诉大家，中

---

1. 即中国建材集团。——编者注
2. thin film transistor，薄膜场效应晶体管。——编者注

国建材的 TFT 玻璃已经研制成功，而且我们国家的大屏幕电视、手机，用的都是中国建材提供的这块 TFT 玻璃。不仅如此，现在我们的这片玻璃比美国的还要薄，美国的是 0.2 毫米厚，我们的是 0.15 毫米厚，而且我们现在也赚了不少钱。我的意思是，我们有目的地进行创新，可以降低风险，最终实现我们的目标。

德鲁克先生认为持续的创新不只是可以解决企业的问题，也可以解决社会的问题。为什么？德鲁克先生说，持续的创新可以引起社会良性的变革，使社会不断稳定前进。

他认为，如果我们不进行创新，就会使大量问题堆积起来，引起社会上的一些动荡或颠覆性变革，那会引起生产力的破坏，也会带来一些问题。因此，他认为持续的创新对我们来讲是非常重要的。

02 必须有创新的管理

在这本书里，他举了爱迪生的例子。

大家都知道爱迪生是个大发明家。其实，爱迪生本身也是一个非常会游说的人，他说服了很多基金公司来投资他所创办的企业。但是爱迪生不认可管理的价值，也不请高级管理者，他认为企业就是企业家加上创新（他的技术发明），因此他做了五六家企业都失败了。最后，他说服的那些基金公司把他从他的企业里请了出去。

其实，今天我们大家熟知的美国通用电气公司，就是当年爱迪生所创办的公司之一。也就是说，如果我们的企业只有企业家，只有创新，而没有管理，也无法产生价值。这是德鲁克先生的一个非常重要的观点。当然，德鲁克先生是现代管理学之父，他轻而易举地就把创新和管理连在了一起。

在中国建材里，我们也可以找到这样的例子。再比如中国的巨石集团，它也是个创新企业。它在金融危机时发明了十六七种配方，使得每一吨玻璃纤维的成本降低了 600 元，然后挺过了那场金融危机，现在它已成为全球最杰出的玻璃纤维制造企业之一。

这家企业之所以能得到快速的发展，不仅是因为它有创新，关键还是因为它有非常优秀的管理。它有"增节降"管理法，它把整个企业分解成五六千个管理点来进行管理，从而降低成本。5 年之前，它每吨玻璃纤维的成本是 5000 元，而不久之前，它每吨玻璃纤维的成本只有 2800 元。不久之后，据他们的高管讲，成本会降至 2500 元。这就是说，企业虽然在激烈竞争，但是也可以获得更多的利润。创新的目的就在于创造价值。如果我们仅仅有创新，不能产生价值，不能吸引顾客，创新也是没有用的。

我们有很多高科技企业，比如中关村里的一些企业，它们的股票上了新三板，可是企业没有效益，股票从很高的价格跌了下来，为什么？只有科学，只有科学家，而没有企业家管理，企业最终是无法做好的。当然，中国建材在这方面也有个例子。很多人把我称为中国的水泥大王或世界水泥大王。其原因是什么呢？就是在过去的十年里，我从没有水泥到重组了上千家企业，拥有4.5亿吨水泥，我的企业成了全球最大的水泥公司。

大家认为宋志平不会做水泥，我却成了全世界最大的水泥大王。这之间究竟发生了什么？实际上这之间发生的就是商业模式的创新，我没有去一家一家地做企业，而是采用了联合重组的方法，采用了混合所有制的方法，把大家聚到一起，让中国建材迅速成为全球第一大水泥公司，同时迅速地占领了区域市场。

如果你重组了这些企业，能不能把它管理好呢？这又是一个问题。如果你重组了这些企业，管理不好，那么每一家企业就都是你脖子上的一条绞索。中国建材实际上在这方面进行了大量的管理创新。中国建材推出了八大功法，推出了六型企业，其中很多的管理创新使得中国建材在企业重组之后取得了高额利润。我认为，这就说明，我们不仅要创新，而且我们的管理也必须跟上。

03 要有企业家精神

德鲁克先生认为企业家精神是非常重要的。他还认为，企业家不是像文学作品里描述的那些很有性格、叱咤风云的人物，那些是不可企及的神坛上的人物。

德鲁克先生认为，实际上我们只要有创新精神，只要去努力，就可以成为企业家。他说，假如我们开了一个小饭馆，虽然可能也冒了一点风险，但是如果没有创造任何价值，没有创新，我们就不算是企业家。德鲁克先生还认为像麦当劳这样的企业其实没有多少科技含量，但是它进行了商业模式的创新，它创造了新的价值，他认为麦当劳的经营者就是企业家。

德鲁克先生认为，创新，不是特指高科技领域中的创新，中低科技领域甚至零科技领域中都可以有创新，它们都是企业家的用武之地。这方面我也深有体会，我觉得做企业离不开企业家，在很多情况下，做企业是在培养、选择和引入企业家。

一家企业最重要的是什么？首先要有一个清晰的战略，其次要有企业家的领导，最后必须有一个机制。这是我经常给大家讲的三要素。

为什么企业家很容易成为带头人？我认为企业家最重要的一个特点，就是他是个痴迷者，他要对某个事情非常专一。中国建材就有一大批痴迷者，有一大批企业家，有一大批企业家来带领大家前进。

德鲁克先生讲到了创新的四个禁忌，其中最后一个禁忌就是收购。他认为创新从来都不是仅靠收购就能成功的。德鲁克先生认为，管理的实质是行而不是知，管理在于实践，创新也在于实践。我觉得这是德鲁克先生思想的精髓！

在过去 30 多年里的快速发展、国际化兼并重组等，为我们提供了很多新的创新机遇。现在，我们也在收购一些高科技企业或技术研发中心，像中国建材就收购了德国一家生产铜铟镓硒（CIGS）薄膜太阳能电池的工厂，同时也收购了其在慕尼黑的研究院。他们研发出的铜铟镓硒薄膜太阳能电池的转化率是17.9，这在当时是该类电池中最高的转化率。很有趣的是，这家公司最初是西门子设立的，后来被卖给了壳牌，后来又被卖给了法国的圣格班，圣格班在欧洲主权债务危机之后将其卖给了中国建材。这家公司买卖接力赛的最后一棒是我，我应该是成功完赛了。

在现在看来，其实对很多技术创新，我们不可能闭门造车，也不可能全部独自完成。我认为，我们应该打开窗户、打开大门，把大家都联合起来。其实国药集团[1]现在的创新很多是通过网上招标、外包公司来帮助实现的。我觉得现在和德鲁克先生当年写这本书的时候相比，其实有一些很大的变化，就是全球化的进程和技术的集成创新。这些变化可以使我们通过收购、重组加快创新步伐。

但是，如果我们认真地读德鲁克先生的这本书就会发现，德鲁克先生告诉我们创新的核心是实践，我们可以再往前走一步。德鲁克先生在这本书里还讲到，大家都希望我们的社会成为一个福利社会，但是福利社会也会给我们带来一些问题，会使我们坐吃山空，会使我们懒惰。他认为下一个社会应该是创新的社会，

---

1. 即中国医药集团有限公司。——编者注

善读：企业家如何在阅读中精进成长

应该是企业家的社会，而不应该是一个简单地追求高福利的社会。他认为，也只有创新和企业家能够创造巨大的财富来满足人们对社会福利的要求。

德鲁克先生 1985 年给我们的忠告，也预测了欧洲主权债务危机时，希腊等国家遇到的问题：大家都享有福利，但是没有人去干活，没有人去创新，没有人培育企业家。

我们正在经历由传统经济向新经济的过渡，我们的传统产业也正在让产能逐渐地退出，但还有大量的工人急需新的工作。因此在这个时刻，我希望我们用德鲁克先生教给我们的这些东西，大力推进有目的的创新，加强我们的管理，来降低成本，同时以鼓励企业家精神培育大量的企业家。如果这样，我们就可以成功地解决今天所遇到的许多困难。

德鲁克先生的这本书讲的就是上面这三个观点。当然，书里还有很多其他内容和论述。这本书我读了好多年，我也读过不同的版本，我一直喜欢读这本书。尤其是现在我们处在一个创新的社会里，重温这本书对我们来讲非常好。其实讲创新的书有很多，但是真正经典的、系统的，我觉得还是当数德鲁克先生的这本书。德鲁克先生的很多见解很有穿透力。有一个管理学家写过，他每次写了一本书之后，都要用颤抖的手翻开德鲁克先生的书看一看，他担心自己的观点其实德鲁克先生早就说过。坦率地讲，很多创新的问题，我们都能从德鲁克先生这本书里找到答案。这就是德鲁克先生的魔力！

姚洋
北京大学国家发展研究院院长、博雅特聘教授

善读：企业家如何在阅读中精进成长

理解复杂世界
背后的规模法则
——

姚洋 领读
《规模》

　　《规模》一书是享誉全球的复杂性科学研究中心——圣塔菲研究所前所长杰弗里·韦斯特数十年的研究成果，总结了解构复杂世界的简单逻辑——规模法则，解答了生命体、城市、公司，乃至一切复杂万物的内在生长逻辑。

　　在介绍韦斯特的《规模》这本书之前，我先简单介绍一下作者。

　　韦斯特在 50 岁之前实际上是理论物理学家，在 50 岁时，他开始研究单个学科无法研究的复杂系统，比如人体、城市。由于是研究理论物理出身，韦斯特掌握了很好的研究方法，而且他当时所在的圣塔菲研究所是享誉全球的复杂性科学研究中心，被誉为"没有围墙的学术圣地"。

简单来说，《规模》这本书告诉我们复杂系统里有非常简单的规则。

下面我分三个部分来介绍这本书的基本内容，包括生命个体成长的亚线性规律、城市发展的线性或超线性特点，以及与企业相关的发展规律。

01 生命个体成长的亚线性规律

思考关于生命个体的规模或者体重问题时，我们通常采用的都是线性思维，比如一个人的体重增加一倍，热量消耗会增加一倍，力量也会增加一倍。我们的日常经验好像也印证了这种思维，比如体型比较大的人，力量一般也大，体型比较小的人，力量相对也小。

韦斯特在书中告诉我们，这实际上是一种错觉。如果照这种思维去做研究、做实验或制造药品，会出大问题。

书中有一个例子，讲的是有研究人员想确认"迷幻剂"的用量。他先用猫做实验，发现安全剂量是每千克体重 0.1 毫克。然后他想换用大型动物做这个实验，在动物园他找到一头年迈的大象，体重 3 吨。研究员计算后认为，按每千克体重用药 0.1 毫克，那么 3 吨体重对应的药物剂量大概是 300 毫克，只要剂量不超过

善读：企业家如何在阅读中精进成长

300 毫克，大象应该就没事。研究员实际给药 297 毫克，结果大象吃完药 5 分钟之后就倒下了，1 小时 40 分钟之后死亡。

这是用线性思维推断而犯错误的典型例子之一。

既然不能做这种线性推论，给药量和人体到底是什么样的关系呢？韦斯特的研究发现，人体的代谢率、力量与体重之间都不是线性关系，而是符合 3／4 次幂或者 2／3 次幂的关系。

代谢率和体重关系的曲线斜率刚好是 3／4，意思是体重增加一倍，代谢率会增长 2 的 3／4 次方；力量与体重也有相似的关系，体重增长一倍，力量只增长 2 的 2／3 次方。也就是说，伴随着体重增长，代谢率和力量的增长都是亚线性增长，并非完全的线性增长。

在这种情况下，人的能量增长就赶不上体重增长，这会导致体重增长存在极限，达到这个极限之后，体重就不再增长。其他动物如母鸡、奶牛也存在类似的生长曲线。这也是在一座现代化的养鸡场里，一只鸡从孵出来到被宰杀的周期只有两个月左右的原因：两个月之后鸡的体重不再增加，对于工厂而言没有继续饲养它的意义。

韦斯特发现，好多生命体的生长都遵循 1／4 次方或者 1／4 次方的倍数的规律，比如 3／4、5／4。他的统计对象超过 50 种，包括增长率、基因组长度、主动脉长度、树木高度、大脑灰质数量、进化速率、寿命等。生命体很神奇。

02 城市发展的线性或超线性特点

韦斯特又跨越一步，开始研究城市，以探究在城市这个复杂系统里是不是也有简单的数学关系。城市包含无数有机体和无机体，还有网络，它们构成了一个复杂的系统，其运行也就有可能遵循某些规律。

韦斯特发现，城市有几个特点使得城市的增长是超线性的。

一是各种基础设施具有规模经济效应，比如修一座加油站，可以服务周边很多地方，这包含巨大的规模经济。

二是人与人之间会产生密切的网络关系。人与人之间的"六人定律"，即世界上任何两个陌生人之间，通过不超过 6 个人就可以建立连接，这是一个社会学理论。

事实上，在绝大多数情况下，我们要找到某一个人，中间人不会超过 3 个。为什么会这么方便？因为人与人之间的网络关系，会带来规模报酬递增效果，或者用韦斯特的说法就是超线性增长。

三是人与人之间的互动和学习也会产生 1+1>2 的效果。以城市能源消耗成本方面的实际数据来看，它符合 0.85 幂率，也就是说城市规模即城市人口增加 1 倍，成本只增加 0.85 倍，成本的产出是超线性的。

再看欧洲国家加油站数量和城市规模之间的关系，其斜率都小于 45 度。这说明城市规模越大，能节省出来的加油站越多，

善读：企业家如何在阅读中精进成长

或者说加油站的产出是超线性的，城市规模增加 1 倍，加油站的产出增加超过 1 倍。

韦斯特做了很多类似的研究，如对美国城市职工的工资总额、人才数量等与城市规模之间的关系研究。总的来说，城市规模扩大 1 倍，产出大都会增加 1.15 倍，或者成本只增加 0.85 倍。其产出是超线性的，成本却是亚线性的，这意味着城市规模可以无限大。

伴随着人口集中，大城市的发展不可避免，韦斯特为我们揭示了这背后很简单的数学关系，并明确对城市的规模不必设限。

03　与企业相关的发展规律

关于企业的规模，是不是也有类似规律？我们有个观察，就是企业越大，所谓的大企业病就越严重，另外一个观察就是百年老店很少。那么企业是更像生命个体还是更像城市？

事实上，企业更像生命个体。企业的产出和规模之间是亚线性关系，因此企业的规模不可能无限扩张。有些企业恨不得把所有竞争对手都吃掉，把自己做成一个巨无霸，这其实违背了企业发展规律。

百年老店少，为什么呢？观察发现，由于受随机事件支配，每年企业死亡的概率基本恒定，存在 1 年的企业和存活了 100 年的企业，死亡的概率基本一样。企业的死亡率曲线显示，企业最初可能死得慢一点，中期死亡过程会加速，最后基本上全死掉了。韦斯特通过统计还发现，20世纪五六十年代美国的著名企业现在基本绝迹了。

那些能成为百年老店的企业，有什么共同特征呢？德国默克是一家家族企业，已经存在了353年，还有科勒已有148年的历史，这些企业有一个共同特征：都是家族企业。家族企业的共同特征是什么？其中非常重要的共同特征就是坚守主业、谨慎经营。虽然你可以说他们的经营策略很保守，但是他们坚守主业，做自己力所能及的事。

小结

借鉴百年企业的共同特征会发现，既然企业的死亡是个概率固定的事件，那么怎样才能不让我们的企业被概率击中呢？我总结了以下三点。

第一是谨慎经营。不要盲目跟风，不要盲目扩张，关注负债和现金之间的关系，超过一定比例，企业就可能进入一个危险期。

第二是坚守主业。很多企业在规模很小的时候就爱多元化，这是死亡风险很大的做法。坚守主业，做自己会做的事，我们才能做好，而且这样可以规避风险，毕竟还有一种创新就是小步快跑，一点一点改进。

第三是关注国家政策的变化。虽然埋头拉车重要，但是我们也得抬头看前面的路，别把路走错了。

总结一下，《规模》这本书告诉我们：自然界和人类社会，看起来是很复杂的系统，背后却包含非常简单的数学规律。我们从这本书中既能学到知识，也能学到要存敬畏之心。诚然，努力很重要，但对有些规律性的东西我们也要心存敬畏。心存敬畏，我们才可能把企业做得更好，把人生过得更好。

梁宁
著名产品人

善读：企业家如何在阅读中精进成长

一个聪明的人
会怎么决策

——

梁宁 领读

《原则》

　　《原则》，2017 年在美国一出版就登上了亚马逊商业类畅销书榜。作者瑞·达利欧出身美国普通中产家庭，26 岁时被"炒鱿鱼"后创办了桥水基金。他将其白手起家以来 40 多年的生活和工作原则公开，写成此书。这本书讲述了作者在从一无所有到富可敌国的人生经历中总结出的 525 条原则，包含 21 条高原则、139 条中原则和 365 条分原则，涵盖为人处事、公司管理两大方面内容。这些原则配合达利欧多年来的各种实例和感悟，多角度、立体地描绘了达利欧的生活、工作、管理原则。

我是梁宁,我推荐的书是《原则》。这本书于 2017 年 9 月 19 日在美国出版,一出版就登上亚马逊商业类畅销书榜的第一名,为其写推荐语的知名人士不计其数。《时代》周刊曾把达利欧评选为世界 100 位最具影响力人物之一,福布斯评选他为全世界最富有的 100 人之一。

01 决策

达利欧是一个普通家庭出身的小孩,从 12 岁开始买股票,从在一个两居室里创业,到创办了一个对冲基金——桥水基金,并让桥水基金成为全球最大的基金,达利欧自己也随之富可敌国。但是在他 35 岁、创业 10 年的时候,他赔到一分钱都没有,还向他爸爸借了 4000 美元。然后他又变成了全世界最有钱的人之一,拥有 1000 亿元身家。他的财富就来自决策。

普通人对小钱充满了感觉,对大钱却不知道该怎么判断,甚至面对巨大损失时往往连生气都不会,只能接受。20 年前,我在联想上班时问过郭为,也就是现在的神州数码控股有限公司的董事长兼总裁,我问他:"你怕什么?"他说:"我怕选择。"选择意味着决策,意味着判断,这是一个很难的事情,其实每个人都害怕选择,害怕判断。

达利欧的价值 1 万亿元的公司,个人的 1000 亿元身家是怎么来的?他所有的收入都来自他的判断。

我讲过"点线面体"的战略选择，其中一个例子是关于一对双胞胎的。俩人在 2007 年同时大学毕业。因为是双胞胎，所以他们的个性、天分、基因、背景、学校都差不多。他们毕业后，一个进了杂志社，另一个进了腾讯。由于所附着的平台发生了变化，10 年之后在腾讯的这一位已经年薪百万，还有很多单位愿意"挖"他，也有投资者愿意为他投资创业；而在杂志社的这一位，由于纸媒经济体目前已经"沦陷"，他面临的人生可能是需要接触新的东西、完全不同的东西的。

这种人生巨大的差异来自哪里？来自 10 年前的一次判断。

在做完一次判断和选择之后，人们接着面对的是漫长的等待，是在一个定式里等待事情发生改变，然后获得一个线性周期的回报。

我们回想人生经历时，可能只能想起屈指可数的几件事情，它们大都是我们的判断、抉择，毕竟每一次判断、抉择都让我们非常痛苦。而达利欧每天的工作、生活就是判断、决策。他是怎么做到的？保证自己能够一直站在历史中正确的一边，这使他的基金在管理一万亿美元的情况下，还能够保持年化收益率为百分之二十几，这其实是一个极其了不起的事情。

02 面对失败

中国古代有一本兵书叫《将苑》，里面有一句话："善战者不败，善败者不亡。"善于打仗的人不会败，无数人讲的都是这一点，但是下半句，"善败者不亡"，其实很少被人讲，其意思是如果你"善于"失败，你个人、你的组织就不会灭亡。

千古传诵的悲剧英雄项羽，31 岁在乌江战败自杀。其实他不应该死。鸿门宴的时候，项羽 26 岁、刘邦 50 岁，如果项羽 50 岁，他在鸿门宴上可能会杀了刘邦，然后在乌江他也不会自杀。如果他能活到那个年龄，他一定会懂得如何去消化"失败"这件事。

长久以来，我们对错误、失败，都是觉得极为羞耻的。一个原因是我们从来不去和人竞争，我们处在竞争的真空地带；另一个原因是我们所做的事情是在一个我们熟悉的环境、领域里的我们熟悉的事情。

可是你能够做到不败吗？但凡场域、条件发生变化，你所做的事情发生变化，你就一定会有失败的概率。因此，只要你创新、创业，只要你走在没有人走过的路上，失败就一定会如影随形。如果你不能从失败中获得营养，不能从失败中得到训练，失败就会成为你巨大的内心障碍，最后把你封在里面。

03 建立"错误日志"

达利欧写了这样的一个小故事：他们的一个员工做错了一项操作，直接导致了几十万美元的损失。达利欧怎么办？他的第一反应是，不能对这件事情过度反应。为什么？因为这样做只会让周围的人以后试图掩盖错误，让自己身边和自己亲近的人开始疏远、有隔阂。

达利欧怎么看待所谓的错误和失败？他所采用的方法也是他创立桥水基金后采用的第一个管理工具——错误日志。我们把所犯的每一个错误记下来，出错了、造成损失了，把它们写到错误日志里就没事，如果我们试图掩盖错误，假装错误没有发生，希望错误别被看到，那么就一定会出问题。

我们看到了错误、失败，该怎么处理？达利欧在《原则》中讲到要分三步。第一步，所有的错误、失败一定要被记录；第二步，大家要一起分析错误的根本原因是什么；第三步，大家要耐心地、系统地、逐步地纠正错误。

达利欧在书中说，如果我们要奉行一个透明的组织，那么我们要用的第一项管理工具就是错误日志。犯了错，要记录下来。要知道，虽然有的事情可能是偶发的，但有的事情一定是有风控根源的。我们能不能一起从组织系统上分析错误发生的原因是什么，我们有没有可能逐步地有耐心地解决它，其实这是极其考验智慧的，就像"病来如山倒，病去如抽丝"。出问题的原因往往就在于我们害怕出错。此外，我们中的很多人都想立即纠正错误，但是这个错误看上去好像又有很深的根源问题，我们没有耐心研究，于是放任错误继续发生，最后组织就只能烂掉、被割舍掉。

这也就是为什么一定要坚持人和人之间的信息透明。虽然把错误全部放在桌面上是极其让人痛苦的，但是我们必须这样做。

04 理性与洞察人性

诸如此类的管理智慧，在《原则》这本书中比比皆是。达利欧真的是在洞察人性。

达利欧说，每个人上班都要做"两个工作"，一个是完成公司安排的工作，另一个是扮演让别人喜欢的人的工作。他认为，我们应当只去做表达真实想法的事情，完全真实，完全透明。美国很多媒体抨击他的公司没人性，员工直接赤裸裸地互相攻击，互相批评。但事实上，当你看完书，你会发现他有非常多的很细腻的对人性的洞察，然后他要给身边的每个人贴标签。就像组织一场足球比赛，你会很容易地判断出谁擅长踢哪个位置，然后你不要去挑战他的弱项。明明擅长长跑的人，何必非让他去扔铅球呢？

在工作中，大家往往会觉得机会应该均等。但是如果让一个善于精打细算的人去做宏观规划，或者让一个有宏观视野的人去做精打细算的事，实际上在人性化的管理中，这是不对的。那么索性我们就给你贴标签，你擅长干什么，你就去干这一项工作。

达利欧用了一生的时间，把自己训练得无比客观，他又很细致地总结出了一系列的原则集结成书。在管理桥水基金公司时，他还把这些原则做成了计算机软件系统，他们内部把它叫作"coach 系统"（教练系统）。员工做事情时遇到任何问题，先在系统里搜一下，看一看公司已经沉淀出来的历史智慧原则，然后再来做这件事情。

综上所述，我之所以推荐这本书，是因为达利欧这样一个非凡的人，他的工作是管理巨多的钱，他每天都在做决策。他怎么做决策？事无巨细，建立精密系统，进行精密的组装，彼此校验，这就是这本书——《原则》。

这本书对我们普通人有什么帮助呢？我觉得就是，做出一个正确的决策，站在历史的正确一边，找一个和你观点完全不一样的聪明人，看一看他会怎么做，然后去理解他这么做的原因。这其实就是这本书起到的作用。我们是不是要跟随他的原则并不重要，但是应该有自己的原则，并且在做决策的时候，不妨看一看，一个聪明的人在这个点上会怎么决策。

华杉

华与华营销咨询有限公司董事长，
战略营销创意专家，中国杰出营销奖金奖获得者

善读：企业家如何在阅读中精进成长

先胜而后战，
形成压倒性优势

—

华杉 领读
《孙子兵法》

　　《孙子兵法》是中国古代军事文化遗产中的璀璨瑰宝，是优秀传统文化的重要组成部分，其内容博大精深，思想精邃富赡，逻辑缜密严谨，是古代军事思想精华的集中体现。我推荐的《孙子兵法》是"十一家注"的版本，它经历了 2500 年的考验，是最精华的版本。这本书本身讲的是一些非常基本的战略原理和战术原则。

　　我是华与华营销咨询有限公司董事长华杉，我推荐的书是《孙子兵法》，这本书对我影响非常大。

　　我推荐的这个版本，封面上写的是"十一家

注孙子"。《孙子兵法》只有 6000 多字，它问世 2000 多年来，有很多人注解过它，目前市面上也有很多不同的版本。

我为什么推荐"十一家注"这个版本呢？因为这是经历2500 年的考验留下来的最精华的版本。2000 多年间可能有几百人甚至上千人注解过《孙子兵法》，这 11 个人的注解历经考验，一直留到了今天。

在"十一家注"版本的《孙子兵法》中，第一个人是大家熟悉的曹操。在东汉末年战乱时，他注解了《孙子兵法》，之后有从杜牧开始的一批唐朝的人。安史之乱之后，唐朝变得天下大乱，要打仗，因此有了学习《孙子兵法》的热潮。之后就到了宋朝，面对北方的军事压力，又有一批武将和文人来研究《孙子兵法》，也是在宋朝，"十一家注"这个版本的《孙子兵法》就形成了。

这是这本书的来历。

01 十一家注版本

言归正传，先说说《孙子兵法》到底写了什么，以及它对我有什么影响：一定要有压倒性优势才可能赢，一定要有压倒性优势才能出手，如果没有压倒性优势就赢不了，赢不了就不要打。不要打怎么办？要么躲，要么跑，要么等。

很多人都说要出奇制胜，要以小博大，要四两拨千斤。还有很多人抓住《孙子兵法》里面的一句话——"兵者，诡道也"，说兵法就是诡道。其实你做任何一件事情，比如做事业、做人，能够靠诡道成功吗？

没有人能够仅靠诡道成功。我就用踢足球来打比方。我们踢球时的每一个动作都是假动作，这就是诡道，但是我们不能说足球比赛是靠假动作赢的，而要认识到足球比赛是靠球员的体能、技术和教练的排兵布阵赢的。

兵法第一篇叫什么呢？叫作始计篇。

说到"计"大家首先想到谁？几乎所有人都会想到诸葛亮。那么我首先就要告诉大家，《孙子兵法》中的计不是诸葛亮的那个计。有的出版社虽然把《孙子兵法》与《三十六计》合成一本书出版，但是《孙子兵法》中的计不是《三十六计》的计，《孙子兵法》中的价值观也不是《三十六计》中的价值观，这两本书是最不应该放在一起的。

那么《孙子兵法》中的计是什么计呢？是计算的计、计划的计，不是计策的计。

它叫"五式七计"，就是比较五个方面、七个科目。哪五个方面呢？道、天、地、将、法。简单地说，这个"五式七计"就好像我们现在管理中说的分析，就是分析敌我双方的优势、劣势、机会、威胁，然后计算有没有胜算。有胜算才可以兴师动众，才可以出兵，才可以打，如果没有胜算就不能打。

我们看看诸葛亮会不会"计"呢？蜀国大概有不到 100 万人

口、10 万兵马，吴国有 200 多万人口、20 万兵马，而魏国有差
不多 500 万人口、60 万兵马。因此无论怎样去计，蜀国都不可
能击败魏国，诸葛亮是不能去打的，但是他为了自己的梦想就一
定要打，不过同时他也会计算。

为什么每次他去打一打就回来呢？因为他每出兵一次，需要
攒三年的粮食，攒三年的粮食可能就够维持三个月，所以只要三
个月打不回去，一个半月没有取得胜利，他的兵马必须往回撤，
否则在回来的路上粮食就没有了。

《三国演义》里，司马懿就不和他打，他送女人的衣服给司
马懿，用激将法激司马懿，司马懿也不和他打，为什么呢？司马
懿会用计。司马懿算过了，算到对方的粮食没了，自己就回去
了，不用打。

《孙子兵法》中的这个计，是计算的计，不是用计策的计，
你有再多的奇门巧计，实力不够，也还是打不了的。

02 先胜后战

怎么样才能打呢？"先胜后战"，就是一定要有胜算才能战，
无胜算就不能战，一定要等待。

现在很多企业之所以要转型，都是因为一个事——焦虑。公
司领导焦虑就要有动作，就不能等。在兵法中，只要有动作，就
一定会有代价，是有成本的。有动作不一定赢，相反，继续守在

善读：企业家如何在阅读中精进成长

这里等着或许也能赢。

唐朝安史之乱，安禄山叛乱了，一路打过来，打到了潼关，这时候哥舒翰守着潼关，他的战略就是守着不打，等着勤王的军队慢慢地集结。

但是唐玄宗受不了，为什么呢？有两个原因。

第一个原因是唐玄宗骄傲，安禄山是一个街边的地痞，唐玄宗认为："没有我哪有你的今天，你竟然敢造我的反？！"他非常愤怒。

第二个原因是焦虑，唐玄宗会想："怎么敌人还没有被消灭呢？你赶紧出去把他给我灭了。"他就命令哥舒翰出关作战。

哥舒翰那时候不能出去，出去肯定会全军覆没，但是唐玄宗已经斩了高仙芝，斩了封常清，把唐朝最能打仗的两个大将都斩掉了。如果哥舒翰不出关，唐玄宗也会斩他。那个时候唐玄宗还处在皇上至高无上的骄傲状态，哥舒翰只能痛哭出关，出去之后全军覆没，唐玄宗也就逃往四川了。

如果唐玄宗不焦虑，没有做出这个动作，他就不会遭遇这个局面。我们在经营企业的过程中，往往也会因为焦虑而做出很多错误动作。

其实孙子是反对百战百胜的。我们很多人都认为打仗一定要百战百胜，这才是常胜将军。不对，常胜将军都不是百战百胜的。百战百胜说明将军还在战斗，证明胜利的质量很低。真正的胜利一定是一战而定，就是一战就解决问题。

　　　　　先胜而后战，形成压倒性优势

不仅要先"胜"后战，不"胜"就不战，而且如果不能彻底平定，即胜而不定，也不能战。在孙子的思想里，战斗的代价和损失，包括自己的损失，始终被看得很珍贵。他追求的是全胜，不追求惨胜，不是"杀敌一千，自伤八百"。孙子不仅关心胜利，也关心自己，甚至也关心敌人。敌人最好也不要死，都是人，最好投降于我们，这是他的一番心愿。

这里面有两个启示：第一，不要有战略性焦虑；第二，不要拔苗助长。我们在经营企业时也很容易拔苗助长，最后把苗拔死了。

03 "以正和，以奇胜。"

我还想讲一讲《孙子兵法》中被人误会最多的一句话，被人读错最多的一句话："以正和，以奇胜。"这又是一个价值观的问题。以致许多人都想奇袭得胜，以为想出一个绝招一下就能赢。

这个奇有时候写成奇数的"奇"，有时候写成机会的"机"，那么这个"以正和，以奇胜"的"奇"是什么意思呢？在我看来，它可以是一个数学上的词，奇数、偶数的奇，又叫余奇，就是多余出来的部分。

那么奇兵就相当于预备队，就是我手里握着的机动部队，握着的预备队。在战斗的时候，先是正兵投入战场会战，主帅在山坡上看打得怎么样，当这个胜机出现的时候，投入预备队。不是要取得压倒性优势吗？那就将压倒对手的最后一根稻草投入进去。

奇正的转换无穷无尽。奇兵打出去就变成正兵了，在战场上大部队是奇兵，在战场中混战成一团，相互也有配合，因此我喜欢用足球赛来打比方。足球比赛队员基本随时都是 1 个正兵、10 个奇兵，带球的那个就是正兵，跑位的就是奇兵。球一传出去，正兵又变成奇兵了，谁带球谁是正兵。

这是一个战术的基本原则，叫作分战法。只要我要投入战斗，就一定要分兵，不能一下子把所有兵力都投进去。我在我自己的书里讲了很多分战法的例子，包括韩信的背水一战。韩信的部队并不是都在那个地方背水一战，他有分兵，如果没有分出去的其他部队的策应，他的部队真的全在水边被人家赶下去喂鱼了，这也是误会最多的一个地方。

04 知己为要

我想再说一下"知己知彼"。我们老想去知彼，这是第一个误区。实际上我们的主要问题都是不知道自己，不是不知道别人。其实知道别人也未必有什么用。

第二个误区就是，虽然企业战略思想都是从军事战略思想来的，企业管理思想也是从军队的管理思想来的，但是企业的经营和军事的战争有一个最大的区别，就是军事是零和游戏，打仗不是你赢就是我赢。

战场这个空间是死的，但是市场的空间是无限的，在市场上我们可以开辟无限的空间。我们老说市场变化，那么市场变化是怎么来的？市场变化不是消费者带来的，都是领先企业带来的。比如手机的市场变化，消费者没有说过要一个怎样的手机，他们想不出来，市场变化是领先企业带来的。因此你一定要做那个创造变化的人，如果你不是那个创造变化的人，那么你不管怎么做都跟不上别人。

市场竞争里是没有敌人的，只有顾客。企业讲知己知彼时，讲的不是知道对手，而是知道顾客。你知道顾客，你自己就把问题解决了。你知道对手不重要，反而会被对手的思维带走。但是我们往往关注对手超过了关注顾客。我想这是人性的一个弱点：人往往不在意谁给他饭碗，而更在意谁抢他的饭碗。德鲁克也说，企业的本质是为社会解决问题，一个社会问题就是一个商业机会，因此企业做战略的时候，要锁定要解决的问题。

05 虚实决策

我再讲讲《孙子兵法》中很有意思的"虚实"。

我对虚实在企业里的作用有很多的感悟。我们老说避实而击虚：避开实的地方去打虚的地方。

经营和战争是不一样的。我觉得虚实就是要认识到每个人都

善读：企业家如何在阅读中精进成长

有虚有实，对手有虚有实，我也有虚有实。我把自己所有的地方都做实，是不可能的。我要做实每个地方就意味着我在每个地方投入的成本都多，这样一来产品价格就高了，我还是会"死"，因此我要决定什么地方做实，什么地方做虚。

这就是一个标准的蓝海战略，就是要在什么地方加强，在什么地方减弱。虚实是一个决策，决定在哪里实，在哪里虚，不是像木桶理论说的所有板子都要一样长，而是由我来决定哪一块板子最长，短的板子就让它短去。比如汉庭这样的快捷酒店，就是把一方面的服务做得很强，把另外一方面的服务砍掉，从而开创了新的业态。

06 形成压倒性优势

我再讲讲要形成压倒性优势这个点。如果我不能整体性形成压倒性优势，我就要局部性形成压倒性优势，一定有压倒性优势我才能赢；如果没有，我就要等待，就要积累，就要布局，既不能因为焦虑而乱动作，也不能拔苗助长，频频动作。

我的工作是给企业做战略咨询和品牌创意的，我举一个大家都熟悉的例子——奇虎360。几年前，我和360达成了顾问合作。当时大家都在讨论互联网的风口在哪里，说："遇到了风口猪都能够上天。"下一个风口在哪里呢？如果我们去找风口，那就是战中求胜，就不是"胜"中求战。

《孙子兵法》里讲，善战者是先"胜"而后战，是在有胜算的前提下，去选择一个代价最小的战斗时机，而不善战者是战中求胜，是冲上去就打，在打的过程中看什么地方有机会。也有人是做投资的，天使投资是战中求胜的，但是它的战中求胜是靠概率来保证的，投一百个有一个胜就可以了。

企业虽然可能也会做这样的事情，但是企业在主线上一定要找到自己必胜的方向，找到一个必胜的底线。我在几年前就思考过这个问题，我给360提了一个建议，就是做中国的互联网安全中心。

不管风往哪里吹，互联网永远有一个基本的需求：安全。安全对互联网来说是最起码的一个需求。互联网越发达，我们面临的互联网安全问题越严重，而360恰恰有互联网安全的技术和互联网安全的基础。不管其他互联网企业做多大，360都可以为全中国所有的企业和机构提供互联网安全的服务。当我要做这样一个设计的时候，我就要排兵布阵了。

怎么排兵布阵呢？我把互联网安全分成了三个大类：个人网络安全、企业网络安全和国家网络安全。个人网络安全就是与网上购物相关的，是从拦截垃圾短信、骚扰电话开始的；企业网络安全包括银行的网络安全等，比如中石油、中石化这样大公司的网络安全；国家网络安全，比如公安部的网络安全、教育部的网络安全，所有政府部门或公共机构都有可能面临的网络安全问题。

当我把所有资源集中到网络安全上之后，我发现，所有互联网公司，哪怕是比 360 大 10 倍的公司，也没有办法在这个领域形成 360 拥有的这样的优势。

2013 年，我们开了第一届中国互联网安全大会。作为中国互联网安全的一个知识和交流平台，它今天成为亚太规模较大的互联网安全峰会之一，也把 360 推向了在互联网安全方面能够先胜后战、拥有压倒性优势的地位。

在商界还流行过一本畅销书《从 0 到 1》。这本书讲的是，企业一定要形成垄断才有利润。这个追求垄断，与《孙子兵法》所说的形成压倒性优势以及先胜后战都是同样的道理。

因此，站在企业管理和商业竞争的角度，结合我的经验，《孙子兵法》不是一部教我们以少胜多、以小博大的书，而是一部讲以多胜少、以大博小的书，其关键内容是如何规划自己，如何积累自己，而且积累到自己足够强大的时候再出手，而不要在自己没有准备好的时候去频频动作或者乱动作。

这就是我在《孙子兵法》里学到的东西，我把这些分享给大家，希望对大家能够有帮助。

滕泰
著名经济学家，万博新经济研究院院长

善读：企业家如何在阅读中精进成长

聪明赢得一时，
智慧地久天长

——

滕泰 领读
《经济发展理论》

　　《经济发展理论》率先提出的"创新理论"，轰动当时西方经济学界并至今享有盛名。约瑟夫·熊彼特在书中对企业家的论述也是一大特色，他将企业家定位为创新者，定位为决定如何配置资源以便发明利用的领导者。熊彼特认为，企业家的创新活动是经济体系从一种均衡走向另一种均衡的根源，并且经济周期与创新活动的特点有重大关系。现代管理学之父德鲁克曾说："在两次世界大战期间，没有人比凯恩斯更有光彩和更聪明，但熊彼特则相反，似乎平平常常，但他更有智慧——聪明赢得一时，而智慧地久天长。"

我来领读的书是熊彼特的《经济发展理论》。

这本书出版于 1912 年，第一次世界大战爆发之前。100 多年的时间过去了，曾经非常流行的，对过去 100 多年的西方世界和中国的经济产生非常深刻影响的一些经济理论都已经逐步过时了。这些理论落后于实践，不但不能解释这个世界，而且给我们带来很多的认知误区。而熊彼特的这本《经济发展理论》，历时 100 多年，不但没有过时，反而在最近三四十年来，尤其是从 20 世纪 90 年代的新经济诞生以来，越来越受到世界范围内从企业家到学界再到政策决策者的重视。

01 书的背景和基本构架

我先介绍一下熊彼特。

熊彼特出生在 1883 年，这是非常重要的一年。与熊彼特同年出生的，还有一个大家熟知的经济学家，他的名字叫约翰·梅纳德·凯恩斯。熊彼特成名非常早，他和凯恩斯的关系有点类似于"既生瑜，何生亮"。

1933 年，当时的美国总统富兰克林·罗斯福开始执行他的经济复兴计划，史称"罗斯福新政"。这与凯恩斯所提出的"萧条经济学"——用积极的货币政策来刺激总需求的主张不谋而合。

20 世纪 70 年代中期，西方资本主义国家陷入滞胀以后，又重新拿起了自由主义和供给学派的一些理论，采取放松供给约束、减税、反垄断、促进竞争等一系列方法。20世纪80年代的改革，弗里德里希·奥古斯特·冯·哈耶克的自由主义和美国供给学派影响了这些改革，又使欧洲、美国走出了危机，并走上了新一轮的复苏。

20世纪90年代以后，《经济发展理论》在全球各地受到了大家的关注。书中所提到的创新对经济的影响也好，对经济周期的观察与预测也好，这些对我们观察这个世界，尤其是当成千上万的企业觉得生意越来越难做的时候，对我们如何找到创新的方式、如何发挥创新的作用，产生了更有时代意义的价值。

这本书的理论体系构成大致包括六个部分。

第一部分的逻辑起点叫作经济生活的循环流转。他假设了一种像人体的血液流动一样的静态的循环流转，即身高不增长，血液却在流动。他认为，在循环流转的情况下，经济是不增长、不发展的。

那么经济怎么才会发展呢？这本书的第二部分就引入了创新和企业家精神。有了创新，有了企业家精神，经济才会有真正的发展。

在创新和企业家精神推动经济发展的过程当中，信贷和资本发挥了什么作用呢？这是这本书第三部分的内容。我们只有读了这本书，才会知道信贷和资本在早期资本主义自由市场经济当中发挥的作用为什么区别于土地，为什么区别于劳动，我们才能理

　　　　　聪明赢得一时，智慧地久天长

解为什么我们把那个经济叫作资本主义而不叫作劳动主义或者土地主义。

在第四部分中，他又进一步解释了利息的来源、利润的来源。利润到底是怎么来的？熊彼特把利润叫作企业家利润。在今天这个创新引领的时代，熊彼特提出的企业家利润的概念或许对我们有更多的启发或指导意义。

第五部分是资本的利息。

在本书的最后，也就是第六部分，他又深刻地提出了他的经济周期理论，包括50年的长周期、10年左右的中周期以及3～4年的短周期。

02 经济生活的循环流转

在第一部分里，熊彼特设想了一个非常理想的状况：一个社会年复一年以同样的方式生产出同样的产品，并且对于每一项产品供应，总有一个相应的需求在等待着它；面对每一个需求，也都有一个与其相应的供给。比如一个工厂生产了1000万个产品，当这1000万个产品卖出后，必然会变成所有要素的所有者的收入，这些收入有的给资本家作为利息，有的给管理者作为工资，有的给工人和技术人员作为工资，有的给土地提供者作为地租。这些要素的所有者，再拿着1000万元的收入去购买其他消费品。那么自由市场经济就可以这样完成自己的循环，不需要任何政府干预。

好在经济生活的循环流转并不是熊彼特要重点论述的核心思想，而是一个逻辑起点。他只是要让大家看到，在循环流转的情况下，经济本身不可能有发展，也不可能有真正的增长。假设增长只是由少量的人口增长、要素投入数量增加带来，那么他认为这也不算真正的经济发展。

03 创新与企业家精神

谈到创新和企业家精神对经济的作用，熊彼特提出了 5 种创新方法。第一是发现一种新技术；第二是发明一种新产品；第三是发现一种新的要素，比如新的生产资料；第四是发现一个新的市场；第五是发现一种新的组合方法，我们可以把它叫作新的商业模式。

总之，只有这 5 种创新方法，才会让经济有真正的增长。

熊彼特提的这 5 种创新方法和 100 年以后的我们所提的新供给不谋而合、如出一辙。我们提出"新供给创造新需求"。例如，在乔布斯创造苹果手机之前，世界对它的需求是零。2007 年，乔布斯推出苹果手机，那一年我正好在美国做访问学者，每天一打开电视，看到的都是乔布斯的广告。但是说实话，我很难想象一个没有键盘的东西，人们像那样划来划去到底怎么用；更不能想象它可以催生一种叫作微信的东西，让我们再也离不开它；更不能想象还有一种叫作共享单车或网约车的东西，也无法想象我

　　聪明赢得一时，智慧地久天长

们现在使用的移动视频、移动支付等软件，会在苹果手机诞生10年、20年后一个一个地被推出来。

新供给创造新需求，是我们8年前在《新供给宣言》一书里提到的一种理论。但是回过头来看，早在100年前，熊彼特就提出了和我们的"新供给创造新需求"相似的理论。

我们为什么说创新是经济增长的真正源泉呢？

《经济发展理论》一书首度揭示了创新对于现代经济发展的核心作用，而乐于冒险、主动求变的企业家则是创新的头号担当者。在企业家精神的助力下，企业家才得以从生存竞争中脱颖而出，现代世界也因而有了翻天覆地的变化。那么什么样的人才能被称为企业家？企业家精神的内涵又包括哪些方面？

熊彼特强调了企业家的作用。他提出的企业家概念和我们常规意义上的企业家概念可能有所不同。他说企业家并不是一种职业，也不是一种持久的状况，因此企业家从专门意义上讲形成不了社会阶层。

熊彼特认为，企业家只有在创新的时候，只有提出了一种新组合的时候，不论是一种新技术、一种新产品、一个新市场、一个新的要素还是一种新的商业模式，他才称得上是企业家，他才配拥有企业家的利润。

但是这个企业家一旦安定下来，一旦开始进行常规经营，那么他就不再是一个企业家了。我们对照熊彼特提出的企业家精神，来看一下我们有多少企业家，在创新的状态中不断地往前奔跑，带领着中国的企业走向世界，把我们的产品带到全球。

华为肯定是在这样一个状态中的。任正非虽然 70 多岁了，但他毫无疑问是一个让我们所有人崇拜的企业家。在年轻一代里，张一鸣把我们的产品带到美国、欧洲、印度，他也处于创新的状态。

也有一大批企业家，在过上了另一个阶层的生活后，不再保有创新的状态，但是他们之前积累的财富可以确保他们继续过这种生活。这么做虽然也没有什么不对，但是我们今天重温这个理论，就是要知道什么样的企业、企业家精神才可以让经济持续保持增长的动力。

我们来看一看企业家精神的三个方面。

第一，企业家精神中要存在一种梦想和意志。是什么样的梦想和意志呢？这个企业家要去找到一个"私人王国"。在现代世界里面，企业家虽然很难再像中世纪那样拥有自己的一个庄园、一个小王国，但是企业家如果创办了自己的企业，那么他大体可以拥有一种与之接近的感觉。

第二，企业家精神要确保企业家有征服的意志，有战斗的冲动，企业家要证明自己比别人优秀。求得成功不是为了获得成功的果实，而是为了取得成功本身。很多人会谈到一个词——财务自由。为了财务自由而奋斗的企业家，在熊彼特眼里不叫企业家。这个果实他已经获得了，但他为了证明自己的成功本身而奋斗，这才是一种真正的企业家精神的体现。

　　　　聪明赢得一时，智慧地久天长

第三，在熊彼特看来，企业家精神最重要的一点，是要存在创造的欢乐、把事情办成的欢乐，或者仅仅存在施展个人的能力、体现个人智谋的欢乐。把事情办成自己就觉得很快乐，这就是一种企业家精神的体现。

100多年后的今天，我们也要提倡对照过去40年里的一代一代的企业家，看看哪些企业家真正还拥有熊彼特所说的创新的动力、创新的能力和企业家精神。

04 信贷和资本

在熊彼特看来，信贷在本质上是在授予企业家以购买力而使其创造购买力，它并不是一种购买力的转移。这个话有点绕，大体意思是他认为信贷赋予企业家一种权利。假设有另一种权利，让企业家不需要货币、不需要贷款、不需要资本，也可以行使一种行政的或计划的权利把劳动、土地等各种要素组合起来，那么信贷就没有用。但是如果没有让他免费使用别人的劳动力、土地、原材料组合起来形成他的新组合的权利，那么企业家的创新首先需要的就是信贷。这就是熊彼特所描述的信贷在资本主义经济发展中的作用。这样的描述，把生产性的信贷和消费性的信贷区别了开来，把信贷和普通的货币区别了开来，把信贷和结算支付功能区别了开来。

这就引出了下一个议题——资本。

善读：企业家如何在阅读中精进成长

资本的作用是什么？熊彼特认为，资本不过就是一种杠杆，凭借它，企业家可以使他所需要的具体商品受他控制；资本的职能不过是把生产要素用于新的用途，或者引向新的发展方向的一种手段。这种职能使资本持有者在资本主义经济中被完整地刻画出来。因此，通过引入信贷，熊彼特又非常好地刻画了资本的作用。他认为资本不行使其特有的职能就不构成一种独立的要素。

总之，只有在这种情况下，我们才能够理解熊彼特为什么把自由市场经济叫作资本主义。

05 企业家利润、利息和经济周期

在熊彼特看来，在经济正常循环流转的情况下，企业是不会有利润的。一个企业家或一个企业主得到的利润只不过是他作为企业家的报酬或劳务工资。真正的超额利润、余额价值，或者企业家利润，来自创新和企业家精神，它要么是一种新技术，要么是一种新产品，要么是一种新的要素，要么发现一种新的市场，要么是一种新的组合方法。只有企业家利润会带来真正的经济发展。

利息是从哪里来的呢？无论从什么意义上来讲，熊彼特都认为利息是企业家利润的一部分。

在熊彼特之前，在 19 世纪初期，无论是西斯蒙第，还是罗伯特·欧文，都发现西方的市场经济会周期性地出现经济危机，

聪明赢得一时，智慧地久天长

但是他们并没有把经济危机纳入完整的经济周期。比如经济周期包括复苏、繁荣、衰退、萧条这 4 个阶段的定义是谁提出来的呢？就是熊彼特。

熊彼特不但完整地定义了经济周期，还总结了前人对经济周期的观察。在这本书的最后一部分，他提到了康德拉季耶夫周期，就是 50 年的经济周期。他认为这是技术创新造成的长周期。

他又提到了朱格拉周期。朱格拉周期实际上是企业的厂房设备投资的共振所引起的周期性波动，时间长度大概为 10 年。这是一个中周期。他还提到了一个短周期，叫作基钦周期，通过我们的观察发现，这实际上是库存的周期。

可以看到，熊彼特始终在从数据的角度、从供给的角度、从技术变化的角度，来观察和预测经济周期。他并没有像凯恩斯那样认为总需求不足背后的原因是边际效用递减；为了克服边际效用递减造成的总需求不足，政府必须跳出来用刺激性的货币政策或者积极的财政政策来弥补需求不足。

100 多年以后的今天，我们无论做投资，还是经营企业都需要预测经济周期的变化。此时从这个角度来看，熊彼特的理论是不是有更多的应用价值呢？

我本人提出的新供给经济学中也有一个周期理论，叫作新供给经济周期。除了上述周期，人们还观察到另外两个供给侧的周期。其中一个是 20 年的周期，被称为库兹涅茨周期。它实际上是房地产和固定基础设施的更新周期。当然，与产品相关的产品

善读：企业家如何在阅读中精进成长

生命周期也会对经济周期产生影响。在需求侧还有很多其他影响周期的波动性因素。

归根到底，为什么把对经济周期的预判叫作新供给周期呢？因为当新供给集中出现的时候，经济处于扩张阶段，也就是新供给扩张周期；当各种技术出现供给老化的时候，就是供给老化的周期。

熊彼特认为所有经济周期的波动，归根到底都是由于企业家创新出现的不均衡。企业家创新可以在一个阶段之内集中出现。一个创新会带来另一个创新，例如苹果手机的创新带来了微信、移动支付、移动视频等很多相关的创新。因此创新集中出现的时候就是经济繁荣的时候。

当创新在某一个阶段很少发生时，或者供给老化时，经济就会陷入衰退甚至萧条。

聪明赢得一时，智慧地久天长

贾伟
洛可可创新设计集团董事长

善读：企业家如何在阅读中精进成长

慢下来，感知美

——

贾伟 领读
《美学散步》

　　《美学散步》是美学大师宗白华先生的一部美学论集。这本书几乎汇集了作者一生最精要的美学篇章，既从整体上探索了中国美学史中若干一般性的重要问题，又对不同艺术门类的特殊规律和具体内容做了深入的剖析。本书文辞典雅，充满诗意，将中华传统文化的独特魅力娓娓道来，是中国美学经典之作和必读之书。贾伟先生结合自己多年的设计经验，剖析了宗白华先生的美学思想，对如何提升自己的审美能力表达了自己的见解。

　　大家好，我是贾伟，由我来领读宗白华先生的《美学散步》。为什么要带领大家读这本书呢？原因其实来自我在 7 年前的一次散步。

7 年前，我和我的老师，也就是日本的美学宗师黑川雅之先生一起在北京美丽的西海边散步。西海真的特别美，我们绕着西海一圈一圈地走。我走得很匆忙，那个时候的我一直希望把公司做大、做强；而黑川雅之先生走得很缓慢，他的年纪也比我大，因此我一直在等他。

后来，走着走着，我的老师黑川雅之突然说："贾伟，你看到美了吗？"

当时我的第一反应，以为他指的是对面有个美女，然后我看了一下没有看到，我问："在哪里？"其实当时我的右边是西海，左边是西海边盛开的鲜花，而且当时是春天，我们能看到西海的美，能闻到鲜花的香，但我完全没有感知到。

我自己很惭愧，作为一个设计师，我竟然在这么美的天地之间没有感知到我的视觉、听觉、触觉和嗅觉。鲜花离我可能连10 厘米都不到，西海离我可能连 2 米都不到。

这一次散步让我明白，其实人在整个人生过程中都是在进行美学的散步。宗白华先生说，在北大的燕园里边慢慢地走起来，看到一枝小花，看到一个没有人去关注的小石头，他能把这个小石头捡起来放在书桌上，去感知小石头的以小见大的美。其实美就在我们身边。从这次散步之后，我开始慢慢去用心、用脚步、用我的整个身体去感知美。

再讲一个我对美的感知的事例，还是有关我和我的老师黑川雅之的。在日本，有一次，我的老师让我体验了 7 天慢下来的生活，他让我体验茶道，我才发现茶道的那一拿起一放下的美。

让我最能感知到美的一次体验是在丛林里的一个体验茶道的屋子里，我坐在那里，心想："怎么也没人来泡茶？"我等了一会儿，静下来之后突然看到外面有婆娑的、黑白色的树影，我当时觉得那画面比我看到的所有电影镜头都美，我突然感知到了那种来自自然的意境之美。

作为一个设计师，我特别希望能够构建美的意识、美的价值。我认为，美有商业的价值，它叫美商。如果我们不能感知自然之美，就无法构建人文之美，如果没有人文之美，我们就无法创造商业之美，而商业之美再往上是哲学之美和科学之美。

今天，人类已开始进入外太空，开始真正探索宇宙的居所，这意味着人类已经进入新的美学领域——宇宙美学。

人类在远古就有对宇宙的畅想，因此我希望带着大家一起学习宗白华先生的《美学散步》，这本书探讨了关于中国美学与西方美学到底有什么不同的问题，以及这两种美学的思想中深层次的政治、经济、自然的完整的不同概念。

这本书主要讲的既不是自然之美，也不是哲学之美和科学之美，它讲的是文学艺术之美，是基于中国诗歌、绘画、舞蹈、建筑等的美，这是一本文学艺术美学的经典著作。

01 文学艺术和哲学的关系

我在这本书里想得到答案的第一个问题就是文学艺术和哲学的关系是怎样的。

哲学强调的是真，其研究是求真的过程，哲学让我们获得人格的智慧。

文学艺术求的是美。哲学是人生智慧，文学艺术是人生的情感、个性乃至人格。

文学艺术像一面镜子一样观映着这个世界，而文学艺术又不仅仅是一面镜子，它同时又创造着一个圆满与自足的小宇宙。我称之为有情有相的小宇宙。

文学艺术既有腔调，又有节奏，又有韵律，又有形式，又有色彩。它吸取信仰和智慧以构建自己的人格魅力。

文学艺术有三个要素，那么这三个要素又是什么呢？

要素一是源于自然。文学艺术源于自然又高于自然。文学艺术有非常明显的"土腥味"，这种土腥味就是它一定要接地气。一个文艺工作者如果不接地气、没有"土腥味"，是找不到来自自然的根的。

要素二是科学技术知识力的推动。文学艺术的发展同时来自科学技术知识力的推动。第一次工业革命、第二次工业革命、第三次工业革命，甚至今天的数字智能时代，都让文学艺术有了全新的发展。

要素三是社会和经济的发展。文学艺术的创新来自社会和经济的发展。文学艺术属于上层建筑，经济发展是基础。如果一个国家的经济发展非常迅猛，那么它的文学艺术也会逐步到达一个很高的高度。

02 美的对比

宗白华先生在这本书里讲了几个类比。

第一个类比是美的空灵与充实，这里有一对概念叫作空灵之美和充实之美。

空灵之美是东方美学一个特有的美学：空则灵气往来，美感诞生。西方人可能很难理解"空则灵气往来"。我们为什么喜欢竹子？因为竹子中空而有节。我们为什么喜欢空亭呢？"坐观空亭无一物，纵览天下在心中"。我们为什么喜欢空山呢？空谷幽兰，在一座山里只有一朵小兰花绽放着，它与谁都无关，它的内心却包容了整个世界。齐白石的画就有两只虾，水都没有，留出的空白才是真正让我们思考这个世界的计白当黑的虚空之美。不管是空竹之美、空谷幽兰之美，还是空亭之美，甚至是国画里计白当黑的、空白的虚空之美，都表现了空则灵气往来之美。

那"实"呢？实则精力饱满，充实之为美。"美"字上面是"羊"，下面是"大"，叫"羊大为美"。

我们既强调空则灵气往来，又强调实则精力饱满，可见空灵

　　　　　　　慢下来，感知美

与充实是艺术精神的两源。空，再去演绎的时候，其实就是无。

中国还有一个美学的大逻辑，就是大音希声之美、大象无形之美、落花无言之美。

作为一个设计师，我就在思考到底什么是大音希声之美、大象无形之美、落花无言之美。

有一天我突然看到一个典故，陶渊明先生有一把琴，平时把它挂在墙上，但是这把琴没有琴弦。家中来了贵客，喝完酒、吃完肉之后，陶渊明先生往往会从墙上摘下这把琴狂弹一首。陶渊明先生的朋友们问："陶潜你在干什么？"陶潜有一句特别经典的诗："但识琴中趣，何劳弦上声。"他说的其实是："我弹的是心中的乐曲，你们没有听见吗？"

这是大音希声，这是落花无言，这是大象无形。

我看到这个典故之后，就开始在网上搜寻陶渊明这把无弦琴的下落。我发现没有这把琴，连故宫里都没有。这样一把好琴却无处寻觅，我作为一个设计师，就做了这把琴，为我父亲做了这把琴。我的父亲特别喜欢喝茶，我就做了个琴茶。每当家里来了贵客时，我就希望自己能泡着茶、弹着琴，和我父亲一起去享受这种大美、不言之美。

空灵是美的因，充实是美的果。有了美的空灵就像一张白纸，美的充实像是在白纸上点上的一点墨色。

宗白华先生还给了一个类比逻辑，叫美的情与景，即意境之美。说了空灵之美，就不得不说意境之美。中国美学是生命美学，强调的是天地人的意境之美，不是简单的自然之美，也不是认知之美、知识之美。

什么是情与景？"情"是人类内心的一种情感、情绪的写照，是生命的情感。景，景字上面一个"日"，下面一个"京"，"京"就是大殿的意思。太阳从东方升起，通过二十四小时环绕整个大殿，在大殿中产生不同的光与影。

书法的情与景。 许多汉字是象形字，每一个象形字其实就是一个"情"。我们看到山，我们看到水，看到的仅仅是这个字吗？我们看到的是山的势，看到的是水的波纹。"景"是什么呢？在书法里，"景"就是书法里的笔锋、书法里的字体。草书写起来酣畅淋漓，楷书写起来非常有骨架感，颜筋柳骨。书法是典型的情与景的结合，"情"就是写书法的人的所有心情，"景"是字，每一个字就是一个世界。

诗歌的情与景。 中国的诗歌中所有的好诗都是带着情与景的。大家都很熟悉的一首诗："枯藤老树昏鸦，小桥流水人家，古道西风瘦马，夕阳西下，断肠人在天涯。"前面四句讲枯藤，讲小桥，讲古道，讲夕阳，讲的全是景。最后一句"断肠人在天涯"讲的是什么？讲的是情，表达了作者的一份哀思，表达了作者的一种孤独感，表达了作者的一种惆怅感。

其实绘画也是一种情与景的表达。中国的绘画都是情中生景、景中生情的。中国画强调意境之美，而意境就是情与景的结晶，因此中国画就是生命的情感与自然的景象相互交融。

情感讲的是生命，景象讲的是自然。天地人结合，讲的是生命与自然的交融，情中有景，景中有人。

作为一个设计师，我以一件自己的作品为例和大家一起感受一下情与景。

几年前我做了与故宫、敦煌、西湖和少林寺等相关的一些文化产品开发。老舍茶馆的老板找到我说：贾伟，你帮我们老舍茶馆做一个盖碗茶的设计，春天喝绿茶，秋天喝红茶。当我开始做盖碗茶的时候，我特别希望做一个有意境之美的盖碗。那么到底什么是意境之美呢？开始用盖碗喝茶时我发现：盖为天，碗为人，托为地。盖碗茶是和合哲学，即天地人和。

我希望能够找到一种意境。我观察盖碗茶，看到茶碗表面曼妙的茶叶，我吹开茶叶看到了我的脸，再仔细看，似乎看到了我的内心世界，我找到了一首诗叫《颂平常心是道》。

春有百花秋有月，夏有凉风冬有雪，若无闲事挂心头，便是人间好时节。

我们为什么喜欢雾里看花？因为雾里的花有朦胧之美，像盖头下的新娘。我们更喜欢从窗内看窗外之花。窗中花，画中镜，自在于心。我开始寻找东方的窗花。我想在窗上找百花。我把窗花设计到了盖碗之上，然后我在窗花中看到了世间的百花。我开始用盖碗的时候，特别喜欢闻盖底的冷香，水蒸气升上来之后的盖底好香。我希望把花藏在盖底，因此我把花设计到了盖底。瓷一旦烧成便是永恒的，大化如流，逝者如斯。我用水蒸气来表达这朵花。那么如何让这朵花绽放呢？我们用一段光来让这朵花绽放。

春有百花秋有月，那么如何表达秋天的那一"碗"冷月呢？我们喜欢水中望月，水里的月有轮回之美，或月缺或月圆，都表达着生命的轮回，生命因无常而变得如此美丽。我把天上的月藏在了碗底。泡好这碗茶你看到了满月，你还看到了残月，这就是我们的人生。我们的人生并不完美，我希望我们用月来表达我们不完美的人生、我们无常的人生。

如何表达夏天的凉风呢？我们公司门口有两棵大柳树，每当凉风袭来，柳枝荡漾，它在寻找着生命的定准，它摇曳东西，它泛影波中。我把凉风设计到了盖碗上，手抓上去好清凉。很多人问柳枝在哪里呢？柳枝在我们每个人的心中，观自在，一道光阴，柳枝在我们的心中荡漾起来。

春有百花秋有月，夏有凉风冬有雪。我是个北方人，我特别喜欢北方天地间精灵般闪烁、洁白的大地给人的感受。我怀念我毕业时拉着我的第一个女朋友在雪地里撒欢的感受。我们的脚印在雪地里荡漾起来，我特别想纪念那段真挚的爱情，我用什么来纪念？我用茶字来纪念它。

春生夏长，秋收冬藏，生命因四季的交替而变得如此美丽。这个时候我想问，什么是意境之美？形转意、意转境、境转神、神转性，形体是为意境做准备的，意境是为神韵做准备的，神韵是为回到生命的本性做准备的。中国美学是生命美学。中国美学像空谷幽兰一样，是人与自然的交融。

什么是设计师？是在点线面中创造美的人，是在点线面中修行的人。

这一段讲的是意境，讲的是移情与共情。

什么是移情？我把大自然的"春有百花秋有月，夏有凉风冬有雪"的自然之景移到了产品之情里，其中之美是情景交融的。当有了移情之美，共情之美就会产生。宗白华先生讲移情，我也讲了一个概念叫共情，从移情到共情，会产生情感的交融，会产生一种来自东方的意境之美。因此作为一个设计师，我一直在感受这种来自天地的意境之美。

03 空间之位

宗白华先生除了讲意境，还讲了一个很有意思的概念叫空间之位。意境在哪？意境在空间里面。他讲了美的大与小，有以大观小之美，还有以小见大之美，非常有意思。

什么是以大观小之美？中国画和西方画画山水是完全不一样的。在中国画中，山很大，人很小，甚至山里连人都没有；在西方画中，人很大，山在后面很小，这就是不同。中国观山是用多点透视法观山，而西方人观山是用焦点透视法观山，这又是完全不同的。中国画家有三远美学。我们的三远美学强调高远、深远、平远。高远就是仰视看山，山有清明之色；深远就是，画家似乎能进到山里，看山前到山后有重叠之色；平远是阴阳的缥缈之色。我们的世界不是一个单点世界，也不是一个焦点世界，我们的世界是一个可以从山里前前后后进去出来的世界。

我们以小见大，以一个小石头看大的山川。宗白华先生捡的小石头是什么？他捡了一座山，捡了一个以小见大的世界。

从以大观小再去延伸宗白华先生这本书里的另一个概念：从有限中见到无限，从无限中回到有限。有限的是什么？有限的是"宇宙"的"宇"。中国有宇宙美学。宇，是前人的屋舍，就是空间。而宙，是一个时间概念，是从屋里进去再出来，出来再进去往返的过程。宇宙美学里有一首很美的诗："行到水穷处，坐看云起时。"还有一句更美的："枕上见千里，窗中窥万室。"我们从无边的世界回到万物，回到自己，回到我们的宇宙。

我们强调家，也强调宇宙观，从家到宇宙，再从宇宙回到家。我们认为宇宙不是无限大的，而认为宇宙是往复的，周而复始，无往不复。

今天我也给大家带来了一个我的宇宙观。我的一个作品叫《高山流水》，这是我大概 10 年前的作品，我想用宗白华先生的几粒小石头去表达以小见大，以大见小，周而复始，无往不复的感受。

我讲述一下《高山流水》的内涵。以石代山，以烟代水，表达以小见大的中国美学。不是只有以小见大，我还希望能够以大见小。通过高远、深远、平远，大家能够去环视这个山。当烟袅绕，当水和山缓缓地流动的时候，山的腾达之势和水的延绵之流，形成山静水动的态势。水和山，水更像是流动的时间，山更像静止的空间，空间和时间产生无限的流动，从有限中见到无限，再从无限中回到有限，真的可以让我们去感受到那句诗："行到水穷处，坐看云起时"中描述的感觉。

我们每个人都要让心中有一座大山，虽然我们每个人可能都住在小格子间里，但是我们心中要有一座来自自己的山，那座山就是我们的宇宙观。

04 东方美学与西方美学的比较

宗白华先生的这本书给我的一个特别大的启发是什么？

我学设计时，一开始学的是西方美学，设计强调的是自然美学中的点、线、面等。而从宗白华先生这本书里，我看到了非常多的对东西方美学的比较。关于东方美学，我暂且只说中国美学。

善读：企业家如何在阅读中精进成长

第一个比较是，中国美学是生命美学，它强调人的生命观，而西方美学是一种知识美学，强调的是对自然的解构。一种是生命的律动，另一种是自然的结构。

第二个比较是，中国美学是气的美学。一阴一阳谓之道，一气派生，气产生的是整个世界的逻辑，是吸引生动的美学逻辑。而西方美学是形体美学，强调形体的和谐，强调点、线、面、体整个形体的和谐之美。

中国美学是一个意境美学，强调感性，感在前面；而西方美学是一个数理美学，强调理性。一个感性，一个理性。

中国美学是线条美学，中国美学中有一句话叫"无线者不为画"。"形"字一边是三撇，三撇是中国的毛笔画出的三个撇。中国的形强调的是线形，强调的是白描，强调的是笔墨产生的形。中国的形不是面，不是体，就是线。而西方是块面美学。在西方，从雅典到罗马，我们看到的都是用石头雕刻出的有肌肉的男性雕塑。西方美学强调光影美学，强调块面美学，强调立体的结构美学。达芬奇去解构肌肉、身体比例等，强调的是一种美学的知识体系。

东方美学和西方美学有着完全不同的美学逻辑，分别倾向于表现感性与理性，气韵与形体，生命与自然。

其实东西方美学对我们每个人的生活都是非常有意义的，我们既要有形也要有神，形神兼具，既要有感性，又要有理性。

因此，我再次推荐宗白华先生这本书，这本书会带给我们关于东方的各种美学的逻辑，包括音乐美学、建筑美学、诗歌美学、绘画美学、书法美学，还能够帮我们解读西方美学中的罗丹的美、黑格尔的美。

其实美是无边无际的，美是多元的，有自然美学，有人文美学，有商业美学，还有哲学美学和科学美学，今天的美已经到了宇宙美学。让我们一起去认知美，让我们一起去感知美，让我们一起去创造美！

精神·厚德载物

读一本好书，就是和许多高尚的人谈话。

——歌德

吴伯凡
著名学者

善读：企业家如何在阅读中精进成长

全神贯注、
投入忘我
—

吴伯凡 领读
《心流》

　　心流是指我们在做某些事情时那种全神贯注、投入忘我的状态。在这种状态下，我们甚至感觉不到时间的存在，在这件事情完成之后，我们会有一种充满能量并且非常满足的感受。30 年前，心流理论之父、积极心理学奠基人米哈里·契克森米哈赖在研究大量案例的基础上，开创性地提出了心流的概念。《心流》一书系统阐述了心流理论，从日常生活、休闲娱乐、工作、人际关系等各方面，阐述如何进入心流状态。对心理学爱好者和研究者来说，《心流》是理解积极心理学等领域不可或缺的理论素材；对大众读者来说，这更是一本提升幸福感和效率的行动指南。

我是《21 世纪商业评论》的发行人吴伯凡，我推荐的书是《心流》。

心流，英文是 flow，意为流动，也有现金流、信息流等意。这个词还有一种译法，我觉得很不错，叫福流，幸福的福，流动的流，采用了点音意两全的译法。如果这本书的关键词就是幸福，那么为什么它又叫心流？

我们要读懂这本书，首先要知道这本书为什么叫心流，并且理解一个概念——幸福。心流，说的是一种状态。当一个人拥有某种沉静、一以贯之的感觉，并沉迷在一个状态里时，他会非常幸福，由于他和他所专注的对象之间形成了一种紧密的联盟，他周围所有的东西都被屏蔽了。

这本书的很多章节都是围绕幸运和幸福这两个概念的区别来展开的。幸运和幸福最大的不同，可以用两个词来概括，一个叫幸福的条件，一个叫幸福的能力。

01 幸福的条件和能力

什么叫幸福的条件呢？举个例子，有一架钢琴，价格很贵，100 多万元，但它是我们演奏一首美妙的钢琴曲的条件。那能力呢？能力就是我们能够演奏这首曲子。你可以拥有价值 100 多万元的钢琴，但这并不能表明你能够弹奏一首美妙的曲子。幸福也是同样的道理。

我们常常把幸福的条件和幸福的能力混为一谈，这是由我们的教育决定的。在我们小时候，父母告诉我们，我们只有现在怎么样，将来才会怎么样，我们的每一步都是用未来的某种承诺来牵引的，这样我们的心智常常是被未来的某个结果、某个成果、某个条件所吸引的。如果没有这个结果、成果、条件，我们就不会走这一步。

书中还讲到，古代战争中的将领们为了鼓励士兵们，会许下各种承诺，这就是我们生活中特别常见的用一个未来的承诺来调动现在行为的例子。

书里讲得很有意思：如果你长期被这样一种思维方式绑定，你的幸福可能遥遥无期。

王尔德说过，人生有两大悲剧，第一是得不到我们所要的东西；第二是得到了我们所要的东西，但得到之后，我们会立即陷入某种无聊和失望，甚至绝望。没得到那个东西的时候，我们会觉得自己有劲头，觉得未来是有希望的，而得到它之后，它显现出的本来样子，可能与我们美化过的美好想象并不相同。

叔本华说，人生就像一个钟摆，你没得到一个东西的时候，就会痛苦；一旦得到了，又会陷入无聊，你就立即会想到别的目标，产生另外的欲望，然后又产生痛苦，来来回回。

正如前文所说，幸福的条件和幸福的能力，这是两码事。

在衡量自己幸福的条件的时候，有一个特别奇怪的标准叫相对高度，不是绝对高度。现代人产生痛苦感或不幸福感的一个很

　全神贯注、投入忘我

重要的原因，就是把幸福的条件看成幸福的能力，甚至我们根本没有意识到获得幸福还需要能力，好像幸福就是摆在那里的一个东西一样。

02 精神熵

我们之所以陷入不幸福的状态，除了是因为我们混淆了幸福的能力和幸福的条件，还有一个原因：我们习惯于让自己陷于相对贫困感中。

什么叫相对贫困感？我们之所以觉得自己穷，是因为我们在与周围的人比较，就是因为我们在与那些我们心里认为本来和自己属于同类的人比。与我们住在一起的邻居，与我们大致是平等的。如果有一天我们发现，邻居换了好车，我们就可能会突然产生一种极其痛苦的破产感。而如果我们进入一个里面全是豪车的高档小区，我们就不会有破产感，因为这些车的主人都不是我们周围的人。

培根说嫉妒源于我们心里认为自己和那些被我们嫉妒的人是平等的。老百姓是不会嫉妒皇帝的，皇帝的弟弟或哥哥才会嫉妒皇帝。

不幸福的状态很普遍，尽管我们已经具备很多幸福的条件。那么到底如何解决这个问题呢？这涉及几个关键概念。我们如何才能找到幸福呢？我们不幸福，到底是怎么回事？当我们谈论不

善读：企业家如何在阅读中精进成长

幸福的时候，到底在谈论什么？

书中讲到一个很重要的概念，就是"精神熵"。"熵"的意思就是系统在运行的过程中会逐渐地变得混沌、无序，能量越来越低。

通俗地说，熵代表着衰老、混沌、混乱、无力。一个人或一个组织一诞生，熵就已经悄悄地潜伏在其内部了，而其成长的过程，不过是衰老和活力之间的拔河。我们越年轻，我们的活力就越明显地强于我们衰老的时候，我们的整个生命就越会呈现一个非常有活力的状态。

大自然是无情的，随着时间的推移，这种无情渐渐显露。这种熵不仅在我们的身体里、内心里，在组织里、人际关系里也存在着。

古人说："与其有乍交之欢，不如无久处之厌""人无千日好，花无百日红"。可见，关系里也隐藏着熵的阴影。

我们的精神熵，就是活着时就逐渐显现无序、无力、衰老，就是内心衰老的速度比容颜衰老的速度要快。

当你在浴室的镜子里看到了第一根白发，看到了皱纹时，你就会开始着急，开始美容、美发、康体。你自己看得见这些无序、无力、衰老的东西已经与你随行，入侵你的身体。但是内心是无法被眼睛看见的，你不会觉得现在的你与 10 年前、20 年前的你在精神上有多明显的衰老。你不妨拿出一张照片，把今天的自己和 20 年前照片中的自己进行对比，你就会知道自己的身体衰老了多少。但是你几乎没有能力将现在自己的内心与以前自己的内心进行对比。你看不到它，就不觉得这是个事儿，只有看到它，你才会去管理它。

精神熵就是一种时刻让你陷入焦虑、困惑，陷入不幸福状态的东西，而自己又不知道它存在，它可能只是你脑中闪过的一个念头，然后很快就过去了。这本书告诉你，所谓不幸福就是精神熵在增加，至于会增加到什么程度，连你自己都不知道。幸福、不幸福或痛苦产生的原因，就是精神熵在悄悄地巨量增加。

要获得幸福感，就要对精神熵进行管理。只要你活着，精神熵就一定存在，它的量是恒定的。从长远看，你的人生就是一直在和衰老拔河，最终你肯定要输。但是你并不会由于拔河最终要输，现在就不干了。

尽管你知道无序、无力、衰老一直存在，稍有不慎就会露出可怕的一面，但是你既然活着，就要想办法使它尽可能地减少无序、无力、衰老，或者让它们来得慢一点。

03 心智能量

书中还有一个关键的概念，就是"心智能量"。

什么叫心智能量？我们的大脑像一台计算机，它的总能量是守恒的，我们把它叫作心智能量。如果我们的心智能量不停地被耗散在小事上，那么我们最终能做的事情就会非常少。

善读：企业家如何在阅读中精进成长

举个例子，微信后台显示，我们现在平均每天刷微信 2.55 小时，如果加上微博还有今日头条之类我们每天常用的软件，基本上能耗掉 7 小时。这 7 小时虽然是碎片化的，不是连贯的，但是在碎片化使用时间的时候，我们的时间也被碎片化了。

为什么这么讲？我们每次刷微信的间隔，最短的是 4 分钟，最长的当然也有 1 个多小时，但很多人的间隔平均是十几分钟，我们的心智能量就是这样耗散的。我们的心智能量耗散以后，我们就会自然地避免面对那些有挑战性的东西。

我们看到情节稍复杂的电视剧，就觉得烧脑，电影就更不用说了，我们一定是觉得不用脑的电影才好看，这才不会挑战我们的能力。这导致我们形成了一种习惯：习惯性回避，习惯性闲逛，游手好闲地学习。这种学习没有什么目的，只是在告诉自己"我在学习，没有虚度光阴"。

实际上游手好闲地学习和不学习是一样的，甚至更坏。游手好闲地学习并不比"学习"游手好闲好多少。你进入了游手好闲状态，就形成了一种习惯，这会大量耗散你宝贵的心智能量。

04 如何幸福

如何才能幸福？

第一，我们要达到内心井然有序，时刻意识到我们的内心会变得混乱。无序的、负面的、没用的东西会堆满内心，只是我们自己不知道。但是我们实际上是有感觉的，当我们特别不愿意与自己相处，特别不愿意回到自己的内心时，我们就会用各种各样外在的刺激，比如打游戏、跟人较劲，进行那些没有意义的竞争，让自己不去收拾那个已经混乱、无序的内心世界。我们要幸福，就要知道熵的存在，从而使熵尽量减少。

第二，我们要避免将心智能量耗费在毫无意义而我们当时又觉得很有意思的事情上。在这种状态里，除非我们是内心很淡泊的人，否则内心的焦虑和困惑就会越来越严重，因此我们就要学会用最好的办法减少心智能量消耗。

第三，我们要达到将宝贵的心智能量、注意力集中在少数几个有意义的事情上的状态。我们会因此体会到一种显而易见的改变，见证自己的力量变强。这时我们会有一种幸福感。

幸福感其实来得很简单。如果我们实在没有什么爱好，没有什么获得幸福的能力，那么我们可以做一件事情——把家里的鞋好好擦擦，擦到让自己觉得做的事很了不起。通过这些小小的事情，见证自己因努力而发生的改变，我们就会对自己越来越满意，焦虑就会慢慢地减少。

实现幸福的过程类似于攀岩的过程，要付出巨大的努力。我们通过努力最后实现一览众山小，那才叫真正的幸福。如果有了这种幸福，即使没有外在的物质条件，或者物质条件并不好，我们内心也会有一种踏实感、充实感，有一种稳靠的感觉，那就叫幸福。

王静
北京探路者户外用品股份有限公司董事长兼总裁、
联合创始人、登山探险家

善读：企业家如何在阅读中精进成长

人生不设限，
挑战不可能

——

王静（飞雪静静）领读
《人生不设限》

　　《人生不设限》的作者是一个励志的演讲家，这本书是他在两套演讲 DVD 面世之后推出的第一本个人励志书。作者结合自己独特的人生体验和成长经历，通过这本书揭示了热情、勇气、信念、坚持将使我们的人生丰富多彩的道理。这是一本非常值得阅读的励志图书，它更贴近生活，更直接地点出人生的难处并给予直接的建议。

　　我是北京探路者户外用品股份有限公司董事长兼总裁王静，我推荐的书是《人生不设限》。人生不设限，挑战不可能，我们做人做事情都要有一种永不放弃的精神。

01 永不放弃的精神

这本书的作者是一位励志的演讲家，与他相比，我非常幸运。我可以用手去爬山，用脚去走路，可是这本书的作者力克·胡哲，是一个天生没有四肢的人，他却做到了太多我们想象不到的事情。

胡哲经历了许多困难和磨难，甚至曾想自杀。我们作为正常人，在遇到困境时，想想胡哲，就明白无须纠结，只要勇敢往前走就好。

在胡哲 10 岁的时候，有一次他让妈妈把他抱到浴缸里，然后让妈妈离开。实际上，那时他想结束自己的生命，妈妈离开之后，他就翻过身来，把头埋在浴缸里。可是死亡的过程是非常痛苦的。这让他思考，如果他真的这么离开，他的家人该多么悲伤，他的爸爸妈妈还有妹妹可能因为他的自杀而痛苦一辈子。

他经过了心理挣扎，勇敢地把身体翻了过来，选择了继续生活。后来，他去了夏威夷，在大海中和海龟一起游泳，那感觉真好。在成长的过程中，他慢慢地找到了自信。他去学游泳，学潜水，学滑板，实现了很多常人认为他不可能做到的事情。高中时，他去竞选学生会主席，之后顺利考上大学。现在，他在全世界到处做演讲，影响了很多人，让上亿名听众受到了激励。他让自己活出了与常人不一样的精彩。

回想我们自己，可能经常会为自己的失败寻找一些理由，也

善读：企业家如何在阅读中精进成长

许是我们的背景不够好、出身不够好、家庭环境不够好，或者没有考上理想的学校等，与他相比，我们就能够明白，他是一个很好的榜样，是一个人生的范例。

02 与恐惧做朋友

登山者是有死亡概率的，比如巴基斯坦某座山，全年只有13个人登顶，可是有两个人遇难。我曾经在尼泊尔登顶过一座山峰，这座山峰的登山者死亡率是百分之十几，也就是说去100个人，有十几个人回不来。那么怎样在不确定中找到确定，让自己活着回来呢？

2014年，我攀登珠穆朗玛峰的过程非常难，整座山的南坡上只有我们一支队伍。在攀登到8000米时，我和我的另一个夏尔巴向导在雪山崖壁上攀爬，当时天还是黑的。我抬头时，看到两条僵硬的布满了霜雪的腿吊在我的面前。

那一刻，对生命的冲击带来的恐怖是无法用语言来描述的。每一次登山的时候，我都要做一些仪式，表达自己对大自然的敬畏。当我看到那个人永远冰冷地、没有呼吸地留在山上的时候，我感觉自己对山、对人的敬畏之心又多了几分。他已经成为山的一部分，成为值得敬畏的一部分。

也许当我们很无知的时候，我们会说自己不该去挑战极限。实际上，当遇到雪崩威胁生命的时候，我们是真的没办法的。面

人生不设限，挑战不可能

对这种恐怖，我们应该怎么办？我们可以把恐怖化成一种力量、一种信仰，让自己一定要往前走，相信每迈一步都是活下来的希望。如果我们陷入恐惧，那么就没有办法集中精力去实现自己接下来的目标。

人类遇到恐怖和未知时都会害怕。我想把这种恐怖化作一种坚强的力量，让自己继续往前走，这样我可能就会创造奇迹。2014 年，我的这支队伍登上珠穆朗玛峰时，在晚上 6:30 拍下了珠穆朗玛峰上的落日，这也是我们第一次看到如此景象，是我们第一次站在珠峰顶上看日落并留下珍贵影像。

对我来讲，这个经历，不是用我的体能或者技术去完成的。我觉得是信念让我创造了这样的奇迹。

我想跟大家分享一下探路者这家企业，我想这也算是一个奇迹，它从零开始后来成为一家上市公司。

我从 18 岁开始工作，第一份工作是端盘子，之后认识了我的合伙人，我们一起创业；1999 年，我来北京创业，经过 10 年努力，我们让探路者成为创业板的第一批上市公司。创业时，我只能一切从最小的事情开始，我亲手缝制了公司的第一个帐篷，亲手画了公司的第一个标识（logo），亲自第一次去和客户谈判……

我还记得刚来北京的那一年，我在聊天时谈到如果公司能挣到 100 万元，将是多么了不起的成绩。现在回想起来，创业的过程让我认识到，人生不在于起点在什么位置，而在于是不是找对了自己感兴趣的方向，并沿着这个方向坚持下去，只要长期坚持，也许会得到超乎想象的结果。

03 必胜的信念

我的队友里有非常优秀的、有智慧的人。从他们身上我学到了很多。举几个例子，我的一些队友曾经有伤病。王石，他去登山之前患有肿瘤，甚至因为得了癌症要坐轮椅。在汪建去珠穆朗玛峰之前，医生说汪建的脚踝有伤，建议他不要做极限运动，可是他为了实现"珠峰梦"还是坚持攀登了珠穆朗玛峰。在珠穆朗玛峰大本营时，他虽然没有办法做常规训练，但是他非常努力。每天我们走后，他都偷偷练习，然后关注自己的身体状况，最后他真的跟我们一起到达了顶峰，并且安全下山。

我认为，人应当勇敢地往前走。虽然在困难的时候我也会犹豫，但是我最终会发现犹豫是没有用的。我们可以短暂地思考，但是，面对困难时如果给自己很多时间去思考，就会陷入纠结。因此我觉得面对困难时，我们要给自己一个必胜的信念、一个正确的方向，然后勇往直前。

人生是一个一直在路上学习回馈的过程，是我们不断地解决问题、克服困难的过程。我觉得人生一定要有目标，没有目标，人就会失去方向，就会非常痛苦。经常有人问我："当你站到珠穆朗玛峰顶上是什么感觉？"我说："每次都不一样。"我已经登顶过 4 次珠穆朗玛峰了，确实每一次都有不一样的感受。当环境变了，认知变了，人的感受和获得也会改变。我也会时常自问："怎样的人生才会更有意义，更有价值呢？"

04 保持勇敢的心

我在到达顶峰之前，会认为到达顶峰是一种成功，是永远的成功。

实际上当我到达顶峰的那一刻，我的想法就改变了，不过我需要经历这个过程。只有这样，我的心态才会改变，我才会有如此认知。成功的定义怎么可能是到达顶峰呢？这样的认知也太肤浅了。

我第一次登顶珠穆朗玛峰的时候，心情只能用两个字来形容，心酸！而当我真正回到平原的时候，我才发现内心变得坦荡了，自由感油然而生。

为什么在顶峰时我会心酸？因为登顶的过程很艰难，而且当我回眸时，我的队友正在往上攀爬，一不小心就会滑下上千米的悬崖，可能会失去生命，他们实际上映照着我的历程。因此我觉得爬山也好，做企业也好，走到今天是一个自然而然的过程。

分享既是一种快乐，也是一种收获，在这个过程中我也会思考。平时干活的时候，你可能从来不思考，只管干活就行了，挺快乐的，就像我们以前在香山脚下通宵干活时一样。第二天你醒来时，还是特别开心。我觉得人生要保持这样自在、开心的状态，这种简单的愉悦状态让人很舒服。

我和本书的主人公胡哲有共同点，那就是敢于做梦，敢于面对困难，敢于迈出第一步。我们企业的口号——Follow your heart（追随内心），勇敢做最好的自己，也代表了我的人生态度。

胡哲给我感触最大的就是他的人生态度，他一直在困境中保持乐观，在他力所能及的范围内去努力。这本书的副书名特别打动我——"我那好得不像话的生命体验"。我觉得这完全是他自信状态的体现。人生的状态还取决于认知，取决于自己在内心深处怎么想。如果我们把目标定得太高，可能会因为实现不了目标活得太累了；但是如果我们完全没有目标，那又活得太窝囊，太没意义了。人活着还是需要有远大志向。设定目标时，我们要能使自己跳起来能够得着它，通过阶段性的努力能够一步步地实现它。努力方向我们一定要有，这是很重要的。

"人生不设限"，我们不应该用那么多框把自己框起来，应该跨出来，跨出自己限定的范围，这样我们也许真的能有超乎想象的收获。这是一本励志书，不过它不是一本简单的心灵鸡汤，它的作者是一个活生生的人，书里讲述的是真实的故事。这本书非常激励我，我也希望这本书能够激励大家，激励大家不断地去探索，激发无限可能。

徐海瑛
国投创新投资管理有限公司董事总经理，诺华集团原中国区总裁

善读：企业家如何在阅读中精进成长

找到真正的自我

徐海瑛 领读
《少有人走的路》

《少有人走的路》的作者斯科特·派克，或许是我们这个时代杰出的心理医生之一。他的杰出不仅体现在他的智慧上，更体现在他的真诚和勇气上。在近20年的职业生涯中，他治愈了成千上万个病人。他以自己的从业经验为基础写作了这本书，创造了出版史上的一大奇迹。人生是一场艰辛之旅，心智成熟的旅程相当漫长，但是他没有让我们感到恐惧，相反，他带领我们经历一系列艰难乃至痛苦的转变，最终达到自我认知的更高境界。

我给大家推荐、分享的一本书，是看起来通俗又很深奥的一本书，叫《少有人走的路》。这本书写得比较有特点，写了很多鲜活的案例去讲一个很深奥的道理。

这本书其实很传奇，它出版于 1978 年，在出版之后没有经过任何推广、宣传，就靠口碑卖到了 3000 万册，而且雄踞各大图书的畅销排行榜大概有 20 年的时间。

这本书是一本影响非常广泛的书。我跟这本书结缘是在 20 世纪 90 年代。那个时候它有另外的名字，叫《心灵地图》，是非常简朴的一个小册子，我当时读了这本书之后觉得很好，好像被灌了不少心灵鸡汤，然后我又开始一路狂奔，之后可能就不太记得它了。

在 10 年以前，我开始第二遍读它。我有一个习惯，就是会不断地去重读一本书。在这后来的 10 年中，我觉得它经常给我很多滋养，在不同的时刻给我不同的提醒，给我不同的营养。这就是我非常愿意把这本书分享给大家的原因，我希望大家像我一样，能够从中获益。

01 辩证理解"人生困难重重"

人生是什么？人生的旅程是什么样的？我相信每个人有每个人的答案，每个人有每个人的解读，每个人有每个人的信念。在大多数的时候，我们希望人生是一帆风顺的，就像我们过节时，给别人写祝辞，很可能会写"祝你万事如意""前程锦绣"，这些都是非常美好的祝福，我们在写下这些话的时候，其实内心深处可能也希望或者相信，人生是应该这样的。

但是人生是这样的吗？

这本书开篇的第一句话就振聋发聩。它说人生困难重重，这是这本书的出发点。为什么说人生困难重重？

如果我们回想一下自己的成长路程，那么我相信某种程度上我们会认同这个说法。我们从孩提时代开始牙牙学语，学走路，上学学写字，解各种难题，然后上大学、找工作；其中大到生老病死，小到职业升迁，再小到日常生活中和伴侣吵架，和孩子较劲，人生中其实的确有很多挑战，它们一个接着一个地迎面而来。如果我们没有做好准备，或者内心深处不认为这是人生常态，那么问题就来了。

有位心理学家叫斯科特·派克，他说从他临床观察来看，很多心理疾病的根源就在这里。人们很容易逃避痛苦，容易想着摆脱困难。很多时候，人的认知和这个世界的真相之间存在巨大的反差，心理问题由此产生。

人生是困难重重的，这想起来挺令人沮丧，可是我们也别着急，也不要急于沮丧，毕竟任何事物都是辩证的，都有两面。如果我们能够放下心中的抵抗、排斥或抱怨，能够面对问题，然后想办法去解决它，那么在解决一系列问题的过程中，最重要的是，我们能够获得心灵的成长。

也就是说，其实这些问题、这些挑战，都有非凡的价值，都是我们心灵成长需要的肥料或者养分。这听起来还是挺公平的，有打击，同时我们又从中获益。

02 心智成熟是一段艰难旅程

可是为什么这本书又会有"心智成熟的旅程"的副书名呢？因为心灵成长或称心智成熟的旅途，的确太艰难了。艰难的来由是什么？我们要看到，一个类似于本性的东西。

我们先抛开善恶，去观察自己内心深处某一些情节或者某些个性，就会发现其实很多东西是有共性的。

第一，我们基本上天生都容易好逸恶劳，我们可以问问自己是不是这样的。第二，我们都愿意困难离我们远远的，我们都愿意过得平顺、安稳。第三，随着年龄的增长，我们会变得容易故步自封。如果我们不经常提醒自己，其实就容易躺在自己的功劳簿上安稳睡大觉。

有这么多的人性中固有的东西，不断地阻碍我们去面对问题、解决问题、成长心灵，因此很多人不愿意一遍又一遍地承受这种苦难，他们会想放弃，会拣一条相对简单的、轻松的、舒服的路来走，那么这个心灵成长的机会他们就错失了。正因此，心智成熟也就变成了一条少有人走的路。

那么为什么有的人会愿意迎接这样的挑战，会愿意走一条吃苦的路呢？或者说什么样的人才有机会走完这样一段心智成熟的路呢？这个作者给出的答案也比较简单。其中一个词我们很熟悉——自律。

自律是什么呢？自律就是我们需要和很多习性，和我们内在的一些不好的惰性去抗衡，我们要去克服它们，去成长。本书用了很大的篇幅来讲自律是怎么构成的，我在这儿就不一一叙述了，它包括要先吃苦后享受，也就是"推迟你的满足感"，然后我们要认识这个世界的真相，了解这个世界到底是怎样组成的，了解它的特点，然后我们才能找到办法去面对这个世界。

作者给出的答案中还有另一个词，是责任——我们要勇于承担自己的责任。我们在面对问题、面对挑战时，能说"这是我的问题，我要解决它"，这种担当我觉得我们也不是时时刻刻都能拿出来的。毕竟这听起来简单，其实是非常大的挑战。概念容易懂，做到真是难。

这还不是最难的，最难的是，我们在漫长又短暂的一生中，要不断地去更新心灵地图——我们对这个世界的认识。

也就是说，自律不是一时一事做到就可以万事大吉的，我们需要不断地重复，不断地努力，然后一直都会有新的问题出现在我们面前。这样，自律就变得更加困难，我们就面临着一遍一遍的更新，像蝉蜕一样，需要一次一次地超越自己。

事实上，我们在一遍一遍地更新自己关于这个世界的认识，更新自己的目标，更新自己的定位，更新自己的处事方式，更新我们在这个世界上的角色。这容易吗？其实挺难的。在很多情况下，我们在之前那段旅程中获得的经验、拥有的能力，很可能就会成为我们继续发展的障碍。

03 超越完美主义

很长时间以来我都是一个完美主义者。我小时候就是个爱读书的孩子，因此上学后好像在大部分的情况下都会考第一名，班级第一名、学校第一名，到最后我考大学的时候考了我们省的第一名。

这个过程不断地强化了我的完美主义倾向。高中时，我在年级如果考到第三名，我就觉得这是一个巨大的失败，然后会痛哭流涕 1 小时。

其实，这种完美主义倾向成就了我，把我从农村送进了北京大学。我非常感恩当年的我能够形成这样一种完美主义倾向。

后来，我从北京大学毕业，进入商界。我是学经济、学金融的，我开始自己创业，后来我到大型组织里工作，有很多具体的问题需要我一个一个地去解决。因此在 35 岁之前，完美主义倾向对我来讲是一把让我成功的利剑，我用这把利剑能解决所有的问题，我的职位也一步一步攀升，最后我做到集团的副总裁。

后来在十几年前，我有机会进入跨国公司，在跨国公司里做部门总监。这个时候，我之前的经验、完美主义倾向就带来问题了。为什么呢？因为跨国公司的文化、价值观、处理问题的方式，其实和我们国内环境里的很不同，它讲求很多的协作、很多的讨论、很多的共识。

事实上，在很多时候，我们拿到的答案，或者大家最后能达成共识的解决方案，我们并不认为它是完美的。

然后我开始带团队，带 3 个人、5 个人、10 个人、20 个人、30 个人、50 个人、100 个人，我就会觉得，我的手下怎么那么不得力啊！做一件简单的事情，他们都不能做好，都不能实现我的愿望或者达到我的要求，我就天天跟自己较劲，觉得真是很有挫折感。

这个时候，我很容易抱怨别人。但是我还有一个好的习惯，就是自我反省，《论语》讲："吾日三省吾身。"那个时候的我，在面对一系列挫折之后，开始想自己为什么会有这样强烈的挫折感？

我就发现，我的完美主义倾向其实落伍了，我需要从完美主义倾向这个巢穴、桎梏里跳出来。我花了很长时间才实现了这一点，这并不容易。你习惯把一件事情做到 90 分才放过自己，现在你的手下做到 80 分他已经很开心了，你非要让他做到 90 分，他做不到。

在很多时候，我开始把自己的眼光往上提，看大局，把眼光从关注事情转移到关注团队个人上，我会花更多的时间去帮助别人更好地提升他们自己。

帮助他们提升其实不仅是为了满足我对他们的需要，我觉得

找到真正的自我

更重要的是，帮助他们成为更好的人，帮助他们成为在职场上更有竞争力的人，让他们成为有机会晋升高级管理岗位的才俊。

我觉得这样的心路转变对我来讲其实真的挺难。我花了至少三四年的时间，才开始真正因为自己不再是个完美主义者而庆幸。这样的历程，我觉得是对这本书最好的解读。我们要不断地自我超越，把之前所有的成功因素、自己认为很重要的东西放下，然后去开拓一片新的领地，形成一种新的能力、新的认识。

人生难，最难的其实是不断地去突破自己。

04 爱是一种复杂的能力

为什么自律其实很让人痛苦，却有人能够做到，却有人选择走这样一条艰难的路？作者斯科特认为，他们的动力是爱。

爱这个字很简单又很神秘，是一个大家都挂在嘴边的字。在各种节目上，主持人、嘉宾、粉丝动不动就说"我爱你们"，爱是多容易说的一个字。

爱是什么呢？每个人对爱的解读都不一样。这本书的作者对爱的定义很特别，大概的意思是，爱是一种帮助自己和别人不断成长，心智不断成熟，不断自我超越、自我修炼的意愿。

我们对爱其实也有很多的联想，最容易产生的一个联想可能是坠入情网，还有一个联想就是，母亲去爱一个稚嫩的、弱小的婴儿。

这都是爱吗？

如果用作者的定义去衡量，我们就会发现，爱其实真的没有那么简单。爱的目标是让你自己更加成熟，是帮助别人更加独立、更加心智成熟。

缺少这样一个目标，那么爱就不一定是真正的爱，最起码这本书的作者是这样认为的，我也深深地认同这个观点。

因此，其实我们对爱是有很多误解的。

就我自己来讲，我觉得在我突破了完美主义倾向这个桎梏之后，后面还会有新的挑战。我有一个特质叫追求和谐，特别喜欢和谐，喜欢我周围的同事都快快乐乐的，喜欢我周围的朋友都因为跟我在一起而开心，我对自己的要求其实挺高的。在这种追求和谐的情况之下，我作为一个高级管理者，是不是就能时时刻刻地让周围的每一个人都满意，让他们跟我在一起都那么和谐呢？一定不是的。

管理者的一个非常重要的义务或者责任，就是给这个组织设定纪律，设定目标。不能遵守这个组织的纪律、不能达成这个组织的目标的人，会成为这个组织的麻烦。我怎么办？我应该和他保持和谐吗？没办法保持和谐的。我记得自己开除第一个人的时候，心里是非常纠结的，差不多一个晚上睡不着，我觉得自己在做一件很恶的事情。他又不是个坏人，他只不过是一个不太负责任的人，我要就这样把他开掉吗？他将来没工作怎么办？我会想很多，然后就会谴责自己不够善良、不够宽容，会想既然我已经不再是完美主义者了，那么我是不是应该更多地去包容别人的缺点呢？

我觉得可以用这本书的理论来解释这件事。这仍然是一种爱。爱不仅是爱护，不仅是鼓励，不仅是帮助，它也包括纪律和适当的批评，甚至可能引发一些冲突，有时还要挑战别人。如果在所有动作的背后，我的目标、目的是帮助他心灵成长，帮助他心智成熟，那么这就是一种爱。

当然，我觉得这对我们每个人的要求就比较高了，我们需要具备最起码的道德和智慧，这样我们才知道我们是不是能够真正地帮助别人。很多时候，我觉得到现在为止，虽然我也无法时时刻刻做到这一点，但是我心里会有一根弦，当我觉得自己偏离尺度太远时，我会向人家道歉。做错了就去道歉，我觉得这也是一种爱。

爱是一种非常复杂的能力。很多时候我们会说，爱孩子是母鸡都会做的事，但是母鸡真的"会"爱孩子吗？

我觉得，作为几个孩子的妈妈，我到现在都不敢说我会爱孩子。为了成全孩子的独立，为了帮助他们成长，我除了用心，很多时候还需要用脑。当我不具备那种成熟度，不具备那种智慧的时候，我仍然没有办法做一个合格的母亲。

这本书里有两个例子特别生动。有一个牧师，他从小就有一个小有成就但在家庭责任方面非常不靠谱的爸爸，因此他在小时候就下定决心长大后坚决不成为像爸爸一样的人。等这个牧师有了一位很可爱的太太，当了父亲，有了一双儿女后，作者跟这个牧师相见时，却发现牧师的太太得了慢性抑郁症，两个孩子大学辍学在家。牧师感到自己非常失败，觉得自己是这么尽职尽责的好丈夫、好父亲，不明白自己为什么会承受这样的一个结果，他非常想不通。

我们看看这个牧师做了什么导致他的家庭出现这样一个脆弱的局面。他因为不想成为父亲那样不负责任的人，所以非常用心地去照顾家里的每一个人、每一件事，像个保姆一样。已经成年的孩子要打扫房子，他不让；较小的孩子要去办一些手续，比如入学手续，他会非常用心地说"爸爸来帮你做吧"，非常积极地帮助孩子承担这些义务和责任；他的太太喜欢看歌剧，而他们的家住在离市中心比较远的地方，即使他再不喜欢歌剧，也会每个星期都开车带着他的夫人去歌剧院看歌剧，但是事实上他不喜欢歌剧，因此他看一会儿就会睡着。

作者对牧师说，他的问题其实就出在这里：对过多细节的越俎代庖，剥夺了他的孩子、他的夫人成长的机会和动力。也就是说，如果这个爱不是为了成全一个人的成长，不是为了推动一个人独立，事实上这个爱就是母鸡的爱，不是真正的爱。

这本书里还有另外一个极端的例子。开菲是作者这辈子见过的最胆小的病人，她特别喜欢缩在墙角哭泣，然后说："哎呀，我要死了。"她犹如一只惊弓之鸟，任何一点小事情都会让她恐惧无比，她没有办法独立地生活。

她的问题又是怎么产生的呢？她的问题源自她的家庭。她的妈妈控制欲很强，从她小的时候就给她制定各种规则，帮她做各种决定，她做事情只要出一点纰漏，她的妈妈就会劈头盖脸地批判她，一定要让她弥补。而她的父亲乐得撒手。因此，开菲打小就是在母亲的一系列强权管制下成长起来的。长大后，她自己犯了任何一个错误都会很忐忑，做任何一个决定都会怀疑自己这个决定正确与否。她犯任何一个小错，内心深处都会很惶恐，她担心自己因为这个小错得到的惩罚是严重到她不能承受的，她认为这个惩罚可能就是死亡，因此她经常会说"我要死了"。

这两个例子其实就是在告诉我们，在生活中成为合格的父母有多么不容易。我们很容易凭借天性去爱孩子。不过，真正的爱的能力，还有一大部分是依靠大脑产生的。这部分能力就是我们心智成熟之后，凭借理性，凭借自己的成熟度来处理各种各样的复杂问题，从而让孩子获得适度的发展的能力。

爱，说起来简单，做到好难。我们要爱我们周围的人，要爱我们的至亲，但是很多时候，我们自己可能没有余力去爱那么多的人，毕竟我们要爱周围的人，都还不容易做到。

人生是什么？人生的旅程是怎么样的一个过程？我觉得这本书的作者给出了一个非常好的答案。就在这本书的最后一节，他说：

也许由于被动、依赖，恐惧和懒惰，你希望能够看清前

善读：企业家如何在阅读中精进成长

方的每一寸路面，你想确保旅程的每一步都是安全的，都是具有价值的，可是，无比遗憾，这是一个不可能达到的愿望。心智成熟的旅程是艰苦卓绝的，无论是思考还是行动，你都离不开勇敢、进取和独立的精神，即使有先知的告诫，你仍需独自前行，没有任何一位心灵导师可以牵着你的手前进，也没有任何一种即成的仪式可以让你一蹴而就，任何的训诫都不能免除心灵旅行者所必经的痛苦，你只能自行选择人生道路，然后去承受生活的艰辛和磨难，最终才能达到人生最新的境界。好在无限风光在险峰，等你攀上一层的时候，你会发现，那样的愉快、那样的一种满足是你之前所没有经历过的。

希望每个人都有一场完美的人生旅程！

王潮歌
著名导演，北京自如文化创始人

善读：企业家如何在阅读中精进成长

照耀灵魂的镜子

—

王潮歌 领读
《浮士德》

《浮士德》构思宏伟，内容复杂，结构庞大，风格多变，融现实主义与浪漫主义于一炉，将真实的描写与奔放的想象、当代的生活与古代的神话传说杂糅一处。除内容上的博大精深，包括哲学、神学、神话学、文学、音乐等方面的知识外，这本书在形式上也错综复杂，善于运用矛盾对比之法安排场面、配置人物，时庄时谐、有讽有颂、形式多样、色彩斑驳，达到了极高的艺术境界，是一部将现实主义和浪漫主义结合得十分完好的诗剧作品。

我给大家推荐的这本书是《浮士德》。

《浮士德》描绘的不是一个故事，其中既没

有塑造人物，也没有写人世间简简单单的爱恨情仇。它讲的是人类思维中最高级的层面，其内容的来源可以说是哲学、文学、宗教，也可以说都不是，而只是人类中的一位智者与其灵魂的对话。

《浮士德》这本书，许多人因为"看不懂"而中途放弃阅读。这本书是以长篇剧本的形式呈现的，原文是德文诗剧，翻译容易使其丧失原文的韵律感。书的第二部分还引用了许多希腊神话的人物和相关内容。翻译了1954年版《浮士德》的郭沫若先生说："如果不了解希腊神话，就不容易读懂第二部分。"因此许多人抱着高期待值将这本书拿起，随即却又放下。

人从出生到长大到最后衰老，每天都会伴随最少一个决定。比如，我喜欢这个女人，但她好像又不太适合做老婆。面对工作的时候，会想到这个公司给的薪水还不错，但我不太喜欢这个上司，另一个岗位也许更适合我。我们每一天都在选择，然而金钱和不间断出现的欲望，让选择的标准似乎变得异常简单。

挣钱多与喜欢，看似简单，实际上二者冲突巨大，甚至能要了我们的命，让我们在选择的过程中丧失本性，得到自己最恐惧、最害怕、最反感的结果。

01 如何对待内心的欲望

在《浮士德》中，歌德写道："当你想满足欲望，想要得到

善读：企业家如何在阅读中精进成长

你追求的一切的时候，你正悄悄地把灵魂给予一个叫魔鬼的家伙。你已经交换了，在你完全不知觉的情况下。你觉得'没什么啊！很简单'，但是你知道它有多复杂。"

《浮士德》写的就是这样的一个初衷。

一个是魔鬼，一个是上帝，俩人打了个赌，赌注是浮士德。

浮士德是一个博学的人，年迈，有很多的知识，他在这个社会中生存得很困苦，觉得自己一无是处。既然在这个社会中感觉很痛苦，他想："算了，死了算了。"

他正准备自杀，一个叫梅菲斯特的魔鬼出现了。梅菲斯特试图引诱浮士德，说："浮士德，想不想过得好一点，你想要什么我就给你什么。最不可思议的事我都能做到，但是我们的交易就是，当你哪一天觉得心满意足了，你说'太美好了，停一下吧'，你只要敢说出这句话来，我就算赢，你就把灵魂交给我。"因为，当浮士德说出这句话时，他就背弃了梅菲斯特。

浮士德说"好吧"，就跟着魔鬼走了。

《浮士德》用了很长的篇幅，讲了浮士德和这个叫梅菲斯特的魔鬼，两个人在生活之中的历练、行进，其中有咱们最想要的青春。浮士德说："让我一下回去吧""让我年轻起来好吧""让我还是一个漂亮小伙儿行吗"。梅菲斯特说"好吧"，浮士德就真的变年轻了。

比如他说："我想要权力。""我还想要一个很大的阵仗。"梅菲斯特说："好，可以。"比如他还说："我现在就想要爱情，我

　　　　　　　　　　照耀灵魂的镜子

看见一个女人，哎呀，我对她一见钟情，而且我爱的这个人居然是一个女神，可以吗？"梅菲斯特说："可以。"

一切都是好的。

真想问问你，梅菲斯特满足浮士德的这些东西，谁不想要啊？他所有的标的，都是我们最想要的东西，但是出了一个问题，浮士德要到这些东西的时候，他给予了什么呢？也就是说，浮士德拿什么做了交换呢？你想到了吗？

书在后半部写了这样一个场景：100岁的浮士德，他想填出一大片海滩来，让很多无家可归的人生活在这里，让人在这里繁衍生息，这件事情与他个人的欲望无关，而与别人的幸福有关。当他听见铁锹发出的声音，以为填海造田已经开始的时候，他说出了那一句最重要的话："太美了，停一下吧。"因为他内心认为他所有的欲望在这个时刻得到满足了。

梅菲斯特非常高兴，说："你说了这句话，你知道吗，你说了，你的灵魂归我了。"

这时上帝说："不对，他最后的这个愿望不是为了他自己，不是为了满足欲望，而是为了其他人，为了创造一个更美好的人间，为了善和向上，因此他的灵魂不会归你的，他的灵魂归我。"于是天使就把浮士德的灵魂放到了天堂里。

故事就这样讲完了。魔鬼相信，人都是欲壑难平的坏蛋，应该永远在追求欲望中堕落，最后走向死亡；而上帝说不会，人最终会明白，在肉体和灵魂、欲望和精神之间，人会选择那些高贵的、善良的部分，而不会堕落，人之初为善，之末依然为善。

魔鬼和上帝就这样对人类有了不同的理解。

我特别想问你，你觉得你是哪种人？你是可以被欲望收买的，最后死也要下地狱的那个家伙，还是在生活中，对欲望动过心，有过追求，但最终会让自己变得高贵，灵魂升天的人？

02《印象国乐》及我的交换观

2015 年，我做了一个作品，叫《印象国乐》，就是跟中央民族乐团的演奏家们合作，在台上演奏中华民族音乐。

做这件事情的时候，我承担的风险挺大的。我虽然算不上功成名就，但起码业绩卓越。从《印象·刘三姐》开始，一个一个的"印象"，一个一个的"又见"，我的作品非常丰富，每天我一睁眼，就将有 20 000 多人同时看我的作品。我很好，我可不想有个滑铁卢，我特别不愿意自己失败。我特别不愿意我的一个作品，被大家说："什么呀，不好看。"

"交换"马上要开始了，我用我这一辈子积攒下来的自己的市场，商人管它叫市场，也有人管它叫名望，还有人管它叫社会地位，把所有这些加在一起，我要把它们"砸"到一个叫中华民族音乐的舞台上。

而他们给我的是什么呢？1 元的导演费，和我跟我所有的团队大半年的时间。

这个时候，稍微动一点脑子的人都会觉得这个交换太危险了，不应该换。但是我不是看过《浮士德》了吗？我就说，我不交换，我眼里没有输赢，我没有对等的价格，价值不能拿钱来衡量。1 元，我干。

当《印象国乐》上演的那一天，台下的人，大概一半以上，都流下了眼泪，他们给出的不是掌声，是热泪，观众还给我的是眼泪。在那一天，我站在那里，浑身颤抖，当时我自己也哭得不行了，我心想：我幸亏没有交换，幸亏做了这件事情。

我把我的心和我对自己民族的敬重，以及我对音乐的理解，与我的担忧做了交换。今天的年轻人不太想听中华民族音乐，很多家庭都有钢琴却没有中阮或二胡。那你说，我是亏了还是赚了呢？

我赚大了，我赚到了让我的孩子在 100 年以后也还能听见这种音乐的机会，我让那么多陌生人大老远地来到这里，用他们生命中最昂贵的东西——时间——2 小时或 3 小时，在心灵上对自己的血脉、对自己的文化有了认可，我赚了。

我人生的尺子，变得如此之长，变得如此之宽，变得如此之高，而不是短短的只能量几斤几两的秤杆。

说一下我的"交换观"。实际上，很多人听完我的故事会说："哼，你有钱！要不然你怎么能只要 1 元呢？"你说他们说的话对吗？在一个浅显的层次上，他们说的话太对了，甚至我都没有语言可以驳倒他们。

但是，他们已经偷换了概念，他们已经把精神世界跟肉体世界完全重合在一起了，这是不对的。人是有精神世界的，而精神世界的贫瘠，会反过来让肉体世界变得更凄苦，不管他有多少钱，不管他在多高的位置，不管他有多大的权力，他依然清贫到底；而如果精神世界是丰盈的，他会见苦不觉苦，会以苦为乐，会觉得每一天的生活都是快乐祥和的，这就是精神的力量。

　　如果你想过得好一点，你可以去看看《浮士德》。在这本书里，这个智者已经清晰地讲述了怎么样会痛苦，怎么样会幸福，怎么样从年轻到老。歌德写这本书写了 60 年，你如果愿意拿出 60 天，读读它，开卷有益，一定会有所收获。

照耀灵魂的镜子

黄怒波
北京中坤投资集团董事长

善读：企业家如何在阅读中精进成长

登山一路，
永远不问还有多远

——

黄怒波 推荐

《登顶》

在《登顶》这本书中，美国沃顿商学院教授麦克·尤西姆、美国管理学大师吉姆·柯林斯等人以自述的方式叙述了攀登世界高峰的经历，并抒发了自己对企业经营的思考和对人生意义的感悟。登山者和企业家的精神是相通的，他们都在挑战不确定性；登山者登顶是为了活着回来，企业家也应该懂得适当放弃；企业家在用狼性登山，而创业要关注他者，忘掉狼性。更重要的是，创业和登山一样，人们越接近成功，越要警惕风险，有准备的探险胜过盲目的冒险。登山让登山者对大自然怀有敬畏之心，企业家也要经常反思，怀有一颗敬畏之心，不要因为走得太远，而丧失自我。

我推荐《登顶》。

你们不一定登山，但这本书我推荐你们看。

为什么？这本书讲了登山和管理企业的关系。

01 探险

企业家是什么？企业家就是挑战不确定性、不断创新的人，登山者也需要挑战不确定性。

有次，我在国外转机，一个山友介绍我为中国登山家，整个飞机上的乘客都为我鼓掌。我只是不想和山下那些害怕山的人一样，我就是要到山上看自己能不能活着回来，这就是企业家精神。

很多人认为登山者不怕死。其实不是，登山者的风险意识极强，我们会在出发之前把所有的预案都做好。氧气面罩、手套、围巾、雪镜，都要放在固定的位置上。探险不是冒险。

有个著名的美国登山家，到珠穆朗玛峰上，大概在海拔8500～8600米的地方，也就是最危险的地方，她累了，往后一靠，人一下就不见了。为什么？她把安全的规则忘了。这就是真实的山难。做企业也是一样，你不能觉得自己总能成功就忽视风险。

做民营企业的企业家，能活着过来的，都是生命力特别顽强的，他们总是在面临不确定性。面对不确定性，企业家们要有强大的心理。做企业也好，登山也好，我们骄傲的是，我们知道不确定性的存在，我们不期望自己都过得平平静静的，那样我们成不了企业家。

02 心态

登山给了我什么？我觉得，登山让我变得很踏实。中国的经济发展是飞快的，出现了大批登上福布斯全球亿万富豪榜上的富豪。在发展的过程中，人们的心很容易浮躁，而登山会让人们知道自己是谁。

2009年，我第一次登珠穆朗玛峰的时候，在8700米的高度，死了一个山友，他现在还在山上。登顶，是为了活着回来。做企业是为了什么呢？当首富吗？还是功成名就，衣锦还乡？我做企业这么多年，心理极为坚强。对我来说，企业可以做成功，也可以做失败。做企业最关键的是证明，我存在，我挑战，我创新。

2013年，为了救一个山友，我听从登山队长的建议，中途放弃了登顶。承认失败，这令我很难忘，我也骄傲于我能够放弃登顶。大部分企业都不承认失败。很多企业家最大的一个问题是，认为："我过去是成功的，我怎么能失败呢？"比如，我过去干房地产成功了，我现在做电商我也应该一样成功。是那样吗？你不可能做什么都是成功的。

03 领导力

书的第二章是这么说的。为何领导不力这样的问题像瘟疫一般侵蚀着世界各地的组织，破坏员工的积极性和组织的稳定呢？也许你可以从我们的登山经历中找到答案。

去登山的企业家，一般是创业者，有钱且自己能掌握时间。他去登山挑战，他的心智就成熟了，这一点你看他们讲的在山上悟出的道理就知道了。比如这次我们为什么失败了？因为我们没有一个好的团队领导，我们谁都不承认谁，因此有人就悟出来，一个团队总是需要一个领导者的。

每个人都不想别人领导自己，我也经常跟向导吵架。我的英国向导第二次跟我去查亚峰的时候，他一路上都在和我说该怎么做，我说："你是头儿，今天走不走都由你决定，因为你决定我的命运。"在山上，就一个人说了算，这个人就是向导，向导决定你的命运，因此这个时候你要还摆老板脾气、大吵大闹的话，那你的安全也没有保障了。

企业家也要有团队精神。在麦金利山上，登山中遇难的人都是两三个人一起的。为什么呢？大家被系在一根绳子上，一个人滑坠，三个人都滑下去了，因此每个人都要对别人的生命负责。我们做企业也需要明白这一点，我们是一个团队，一个人是到不了顶峰的。

善读：企业家如何在阅读中精进成长

管清友
著名经济学家，如是金融研究院院长

善读：企业家如何在阅读中精进成长

从"大历史观"的
角度读历史

管清友 领读

《万历十五年》

　　《万历十五年》是黄仁宇先生的成名之作，也是他的代表作之一。这本书融汇了他数十年人生经历与治学体会，首次以"大历史观"分析明代社会之症结，给人启发良多。

　　作者用近乎平淡的笔触分析了一个皇朝从兴盛走向衰颓的原因。而这些平淡的叙述自有力量。面对作者淡然勾勒出的人生困境，即便是对历史学不感兴趣的读者，也心有戚戚焉。

　　这本书和我们以往读的历史书不太一样，它好像在讲一个故事，让我对历史有了不同的感受，而且每读一遍都会有不同的体会。

我是如是金融研究院院长管清友，我推荐《万历十五年》。

《万历十五年》是本老书。有很多历史学家介绍过这本书，也有各个学科门类的很多学者推荐这本书，还有很多企业家推荐这本书。我一度觉得这本书很有意思，眼前为之一亮。

这本书和我们以往读的历史书不太一样，无论是和我们在中学和大学学的历史，还是和我们自己看的很多历史学家写的历史都不太一样，它好像在讲一个故事。其实我就是因此被这本书吸引的。

这本书的开头非常有意思，于是我就把这本书买回去了，然后我越看越觉得有意思，其内容好像跟我们传统的历史非常不一样，无论是它描述的方式，还是它的观点都非常与众不同。后来，我发现书中对这段历史、这些人物的看法，也确实和我们正统的官方的史学差别很大。而且我每读一遍这本书都会有不同的体会。后来我读博士的时候，我的老师告诉我，历史每被讲一遍都会有所不同。我自己的感触就是我每读一遍历史都会觉得它有所不同，我会联想自己的过去，联想自己的未来。

01 王朝的密码

这本书分了七章，实际上讲了 6 个人，讲了万历皇帝，讲了当时的首辅张居正、申时行，讲了我们非常熟悉的一个官员海瑞，也讲了我们知道的抗倭英雄戚继光，最后还讲了一个明朝非常著名的思想家李贽。

这本书一共十几万字，作者用自己独特的方法讲了一个非常好玩的故事，或者说描述、评价了一批人物，最后他总结出了一条非常重要的逻辑主线。他通过剖析万历十五年这一年的人、事、现象，得出了当时王朝的一个密码。

为什么他要讲万历十五年，为什么不是十六年、十四年？因为这一年太平淡无奇了，他在开篇第一章第一段讲的就是全年并无大事可叙，"1587 年，无关紧要的一年"。

而你之所以能从这些人、这些事、这些现象里看到王朝的密码，正是因为它无关紧要。

我们读史会发现，每个人都有每个人的看法。比如我们都看《万历十五年》这本书，艺术家可能看这本书的表现手法，政治家读到的是政治，是宫廷斗争，企业家看到的是企业管理。就像我们读《红楼梦》，可能少年时代完全看不懂，觉得诗词很美，觉得林黛玉、薛宝钗长得很漂亮，或者觉得插图很好看。我们会发现企业家、政治家读到的东西却和我们不一样，他们读到的可能是几大家族的荣辱兴衰。

从具体的内容上来讲，我觉得这本书也特别有意思，这本书的写法和构思与我们以往看到的历史学著作确实有非常大的不同。七章写 6 个人，而且这 6 个人中有些我们熟悉，有些我们不熟悉。万历皇帝大家熟悉，张居正大家很熟悉，但申时行大家不熟悉。

申时行，我想大家在很多著作、很多电视剧里实际上是没有看到这个人的，我们可能知道徐坚、高拱、张居正。申时行这个人，我确实是看到《万历十五年》才知道的。

我仔细看了一下书里提到申时行的这个章节。因为申时行接替了张居正，所以算是张居正的继任者，也算是张居正一手培养的首辅。

这本书里描述的戚继光为了实现他的目标，整顿军队，他就必须依靠张居正、谭伦这样的文官。为什么他要依靠文官？这与这本书里告诉我们的所谓重文轻武、文官掌控局面有很大的关系。

02 反叛精神

作者提到万历皇帝的时候，写了万历皇帝喜欢郑贵妃。他想立郑贵妃生的孩子朱常洵为太子，但是内阁的大臣们不同意，说这不符合常理，得立长，得立朱常洛为太子，而朱常洛是万历跟一个宫女生的。

实际上，这本书不是在给我们说八卦、讲宫廷绯闻，它实际上在讲，如果皇帝自己想做的事情和当时的所谓礼仪、礼法发生了冲突，那么皇帝作为九五之尊也无济于事，最后皇帝也拗不过这些大臣，因此开始消极怠工。

这本书讲到了万历皇帝的父亲隆庆皇帝。隆庆皇帝是怎么干的呢？他没有消极地跟这些大臣对抗，他是积极的。你不让我出

善读：企业家如何在阅读中精进成长

巡我就老出巡，你不让我御驾亲征我就老御驾亲征；你越不让我干的事，我就越要干。从嘉靖皇帝到隆庆皇帝再到万历皇帝，他们对当时的礼法约束，对当时文官集团对皇帝的约束，其实都有反叛精神。

以这种现象为标准做一下比较的话，你会发现唐朝的皇帝、宋朝的皇帝不是这么干事的，清朝的皇帝也不这样，清朝的皇帝有的特别勤奋。其实这个问题在黄仁宇先生这本书里有一部分答案。他讲了朱熹的理学对文官集团、对皇帝的约束。

但是我还是百思不得其解。为什么明朝的皇帝这样？仅仅是因为朱熹的学说很盛行吗？我们在历史传统上一直尊奉孔孟！从汉武帝开始就罢黜百家，独尊儒术了，其实从文化传统意识形态上来讲一直是这样的，那么为什么明朝的皇帝会出现这种情况？为什么明朝的皇帝反叛精神很强，可以几十年不上朝？其实他也不是不上朝，他就不愿意尊重文官集团给他限定的那些所谓严格的约束，他不愿意成为一个木偶。

这本书的第三章讲的是"世间已无张居正"，第三章里与张居正相关的内容却不多，第三章介绍了很多其他的事。作者想告诉大家，那时没有张居正，大家也得按照张居正那套来。尽管张居正非常不受文官集团喜欢，但是张居正因为想约束文官集团，所以做了很多改革。历史上很多改革家死得很惨，张居正倒是善终了，但是死后又被自己的学生拿出来说事儿，一直被文官集团攻击。

03 活着的祖宗

这本书的第四章讲的是"活着的祖宗"。这是说谁呢？其实还是说万历皇帝。他被当成了一个傀儡也好，木偶也好，一个形象也好，被"牵"到各种场合去完成各种礼仪，祭天、求雨。各种仪式他要一丝不苟地从头到尾走完！很辛苦。

第一章曾详细地描述，万历皇帝曾经非常认真地去求雨，非常虔诚，那么在第四章"活着的祖宗"中，你会发现万历皇帝开始厌倦这种生活了。他自己说了不算，大臣都给他规定好了，他完全成为一个傀儡，无须思考什么时间，走哪条路线，到哪里去，连他的讲稿都被人写好了，然后他去念，念完之后他怎么行礼，怎么下台，怎么回去，也被规定好了。

后来我就想，在历朝历代中，好像明朝确实是出现了比较有意思的现象，礼仪实际上成了道德的一种具体的物化载体。黄仁宇先生在书里提到了一点，明朝特别强调所谓道德，强调以德治国，对孔孟的尊奉无以复加。但是我们能否就将这个因素跟历朝历代结合？我觉得也不能。我也没有找到答案，每个人可能都有每个人的思考。

讲到海瑞的时候，这本书试图告诉大家，道德与法律和技术之间存在差异或者说相互冲突。黄仁宇先生提到明朝一直没有建立所谓的数目字管理，上层和下层之间的关系不依赖商业的规则，它仍然依赖道统、道德，因此明朝很难建立一个基于商业伦

善读：企业家如何在阅读中精进成长

理的契约关系或者契约精神。

明朝是采用宰相制度的最后一个朝代，朱元璋杀了几位宰相，胡惟庸、李善长这些人都被他杀掉了，宰相制度彻底被废掉了。从正式的功能上来讲，内阁首辅只相当于帮助皇帝起草文件的秘书长或者大秘书的角色，但实际的功能变成了宰相，这也是很重要的一个现象。

这个现象也给我们很多启示。比如我们看到书里头描述的内阁、司礼监、皇帝、将军，这几个重要的岗位之间存在微妙的关系。比如书里讲到，张居正其实跟司礼监太监冯宝关系很好，沟通非常顺畅，因此张首辅推行的很多政策能顺利地推行下去。张居正还经常批评皇帝，皇帝本来对书法艺术很有追求，张居正说"你练得差不多就行了，书法这东西是雕虫小技，不能太痴迷，历史上是有皇帝因痴迷于艺术亡国的"。

其实万历皇帝心里对张居正的批评是很抵触的，"怎么我想干的事你都不让我干"，万历皇帝只能按照传统礼仪、道德，去干自己应该干的事，他最后只有一个仪式功能，因此后来他要消极怠工去对抗文官。

后来吴思先生写过一篇文章《皇帝也是个冤大头》。他说经常有人借着皇帝的名义为非作歹，所以我觉得皇帝是挺憋屈的。

这本书讲的都是特别值得一读的故事。我们甚至可以把它当成故事书或者文学作品来读，读了之后我们能看到当年明朝的体制、意识形态、官场规则、社会经济发展等。其实明朝最后灭亡的密码我们已经能在 1587 年——万历十五年看到了。因为法律的败坏，技术上很难实行数目字管理，所以上层和下层是脱节的。

04 官员的责任

官员的责任是什么呢？是维持道统、维持礼法。

书中比较了张居正和申时行，说明了两个首辅是很不一样的。

张居正实际上是一个改革者，他是希望提高行政运行效率的，他得罪了文官，因此他死后会被万历皇帝再贬斥一通，他的两个儿子最后也被贬了。申时行虽然是张居正一手培养和提拔的，但是申时行深谙当时明朝的体制，内阁就是要把皇帝、百官、老百姓平衡好。书中讲到一点，申时行是一个和事佬，他一直在做平衡，他是在用做外交的手段处理内政。虽然当朝的很多人都骂他没本事，但最后申时行是善终的。

对张居正和申时行的比较也很有意思，它反映了一种理念，反映了对时事的把握以及为人处世的一个基本态度，这也给我们很多启示。

当然，黄仁宇先生写李贽也是很有意思的。明朝的思想家很多，他为什么写李贽？在明朝，李贽是一个相对非常开明、非常先进，甚至非常激进的思想家；但他自己又很难挣脱当时的社会环境，必须考虑自己的家族，甚至他的家族都为他选好了继承者、接班人。最后他没办法，只能出家为僧。

现在看黄仁宇先生选的这几个人物，还是非常有代表性的。从时间轴上来讲，万历十五年是一个横切面。

从人物上来讲，书中的每个人都代表了对传统的反叛，有的人是格格不入的，比如海瑞和李贽两个人其实都是格格不入的。他写了两次万历皇帝，前期励精图治，按照道德礼法去治国，到后来他成了一个傀儡、一个木偶，开始消极怠工。

两个首辅，一个想改变，一个想适应。

戚继光实际上反映了当时的重文轻武，一个武将尽管改革了军事体制，也打了一些胜仗，但最后因为没有文官的支持也只能黯然退出历史舞台。

你可以将明朝和历史上很多朝代做一个比较，联系今天的我们自己，联系我们自己做的企业，看看会不会有什么启发。

每个人读到的历史都不一样。实际上在今天这样一个产业结构变化很快，技术演进非常快的时代，大家普遍有一点焦急感、焦虑感。这个时候我觉得读读历史，既能让大家放松心情，也能让大家获得一些启示。读点无用之书，我觉得也挺好。

实践·躬身入局

纸上得来终觉浅，绝知此事要躬行。

——陆游·《冬夜读书示子聿》

王建宙
中国移动通信集团原董事长

善读：企业家如何在阅读中精进成长

做好提前量和
差异化的经营智慧
—

王建宙 领读
《史记·货殖列传》

《史记·货殖列传》是专门记述从事"货殖"活动的杰出人物的列传，也是反映司马迁经济思想和物质观的重要篇章。翦伯赞曾高度评价司马迁"以锐利的眼光，注视着社会经济方面，而写成其有名的'货殖列传'"。这本书中关于"低流之水"的市场机制和理论及其实践情况，对我们今天仍然有很大的启发和帮助。前瞻性和差异性是企业成功的重要因素。

我今天要给大家推荐的书是《史记》当中的"货殖列传"。《史记》大家一定都很熟悉了，"货殖列传"讲的是什么内容呢？货殖就是通过货物的生产和交换来从事商业活动，从中求利生财，

"货殖列传"是《史记》当中专门来记载从事货殖活动的一些杰出人物的篇章。

01 初识"货殖列传"

我在三十多年前第一次看"货殖列传",那时候我是浙江大学的一个学生。记得那时,有大量从欧美来的现代管理学的著作。我们就像海绵吸水那样,吸收各种现代企业管理的知识。

我记得有一次,我们的一位管理学教授——王爱民教授,说:"你们不要光看欧美的那些现代企业管理的著作,你们有时间也可以看一下中国古代的一些著作,里面也讲了一些经营管理的思想。"然后他推荐了《史记》当中的"货殖列传"。

在那堂课上,他举了一个例子,是关于春秋时期的一个谋士计然的。王爱民教授当时给我们介绍了八个字,他说计然说了一句话叫作"旱则资舟,水则资车",什么意思呢?就是在大旱的时候你要去准备船,准备抗洪;"水则资车"就是在发洪水的时候你要去准备车,准备抗旱。我当时一听就产生了一种很震撼的感觉,觉得这话说得太有意义了。那是《史记》当中的话,说话的计然又是春秋时代的人物,那就更早了。

下课以后,我赶紧去把这本书找来,认真地把"货殖列传"读了一遍。给我留下深刻印象的,还是计然和计然所说的"旱则资舟,水则资车,物之理也"。

其实他的话就讲了两个道理。

第一个道理就是，从事经商活动，要认识客观规律，洪水和旱灾会交替出现，这是一种事物的规律，你要经商就必须要认识这种规律，这是他说的第一个道理。

第二个道理就是，你干事情都要有一个提前量。在经商过程当中，你一定要提前做好准备，这样才能占据主动地位。在现代管理学中，我们把它叫作提前量原则，比如你用高射炮打飞机，如果你瞄准的是飞机，那一定是打不到飞机的，你必须瞄准飞机的前面，这样你的炮弹射上去正好就能打中飞机。

02 看到今天，更要看到明天

在此后的 30 多年里，我一直从事电信运营的工作，经历了移动通信发展的整个过程，也直接参与了这个过程。在移动通信发展的过程中，确实有很多决策需要企业的管理层来进行。决策的前瞻性是非常重要的。

有许多事情我印象很深，我想跟大家分享其中两件事。

第一件事是关于建立农村通信网的。

2005 年，中国移动[1]计划在农村建设移动通信网络，但是在

---

1. 即中国移动通信集团。——编者注

那个时候，当中国移动做出这个决策时，还有很多不同的意见，甚至有很多人反对。反对意见主要来自投资银行，还有那些基金分析师。中国移动是一个上市公司，他们反对的理由主要就是当时移动通信在城市的普及率还不高，城市市场还非常大，没有花那么多钱到农村去建立移动通信网络的理由。大家知道在农村建网肯定成本很高，他们担心会减少利润，会给公司的价值造成影响。

我记得有一个基金经理跟我说，那时候他拿着手机去很偏远的地方旅游，结果拿起手机一看有中国移动的信号，他的第一感觉是"哎哟，中国移动服务真好，在这么偏僻的地方都有手机信号"。这时候他的感觉是来自一个用户，出于一个使用者的立场。但是他说，5秒以后他马上觉得不对劲了，他说在这么偏僻的地方建设了移动通信网络，而打电话的人又那么少，那是要亏损的，从投资的角度来说这不应该，这时候他的投资者的角色又发挥了作用。

当时中国移动的管理层在这方面的想法还是很坚定的。第一，我们认为虽然今天移动通信的主要发展还是在城市，但农村是明天的市场，我们必须去开拓这个市场，我们必须提前为此做好准备。第二，虽然在农村建设和经营移动通信确实成本比较高，但是我们可以根据农村的特点来控制成本。后来我们很快在全国都普遍建立了通信网络，无论是高山上，还是海岛上，到处都有中国移动的通信信号覆盖。

现在讲的企业走出去，当时我们管理层就讨论过这个问题。中国的移动通信市场那么大，潜力非常非常大，还可以做很长的时间。在这种情况下，我们要不要走出去，要不要到国外去经营通信？这也是涉及今天和明天的问题：今天的市场很大，但市场总归会逐步地趋向饱和，我们就必须去寻找新的发展领域，包括新的业务形式，像移动互联网以及新的业务发展区域。

因此我们当时选择了开拓。我们在做好国内市场的同时，也在努力开拓国际市场。我们在 2007 年收购了巴基斯坦的一家移动通信公司。当时作决策的时候，我们也不是为了走出去而走出去的，而是基于我们企业规模大的考虑。

当时其实我们遵循两个原则。

第一，我们有经验，我们觉得新兴市场中移动通信的现状，我们经历过了，我们有在这个新兴市场中快速发展移动通信的经验，我们可以把这些经验用在别的国家。第二，我们规模大、成本低，可以把这个规模扩大到国外的经营当中，降低我们的采购成本、建设成本。

凭着这两点，我们觉得我们还是有优势的。我们收购了巴基斯坦的巴科泰尔公司。刚被收购时，这家公司只有 100 多万用户，到后来很快地就有了 2700 万用户。

你既然看到了今天，也看到了进一步的发展，就要不断地去开拓。

这一方面给用户带来了极大的方便。我记得当珠穆朗玛峰覆盖手机信号以后，有个英国人罗德登上了珠穆朗玛峰，他打开了手机，一看有信号，在世界最高峰上打了一个电话。这在当时引起了很大的震动，英国的《泰晤士报》还专门写了评论，写得既幽默又很符合实际。

我记得评论是这样写的：在珠穆朗玛峰也有了手机信号的覆盖。虽然有人会哀叹世界的最高峰也被手机入侵了，但是登山者们却欢欣雀跃，手机很可能会成为他们的救命工具。看了《泰晤士报》的报道，我们特别高兴。

从另一个方面来说，其实这对公司财务表现也起了很好的作用。很快，移动通信就从城市普及到农村。

在这段时间里，农村成为中国移动收入和利润的主要增长点之一，最后公司也取得了很好的效益，后来投资者、分析师们也对这件事感到很满意。在这件事情当中，我其实头脑里也不时地会出现这么几个字，那就是"旱则资舟，水则资车"。

03 4G 建设的故事

我还可以再举一个例子，是关于 3G（第三代移动通信技术）和 4G（第四代移动通信技术）建设的故事。大家知道，2009 年

1 月国家颁发了 3G 的牌照，中国移动拿到的是 TD–SCDMA[1] 的网络建设的牌照，我们全力以赴地做好了 3G 网络的建设和经营的工作。但实际上，2009 年，国外一些电信业发达的国家已经开始筹划 4G 的建设了，中国移动的管理层也决定了我们在做 3G 建设的同时要大力开展 4G 的研发，我们研发的是 TD–LTE[2] 的 4G 技术。这时候出现了一些质疑的声音，质疑的声音主要涉及两个方面。第一，4G 是个新技术，现在还不成熟，现在就投入是不是为时过早，即使投入也不要花费太大的精力；第二，现在的 3G 完全能够满足数据通信的需要，没必要这么快就上升到 4G。

面对这些质疑，我们中国移动的管理层头脑还是很清醒的。当时我们有两个想法。第一，技术的发展是不可阻挡的，从 1G、2G、3G 到 4G，技术不断地升级，如果我们尽早介入，我们就更有可能从技术的追随者变成技术的领导者，这是一件非常有意义的事情。

第二，我们观察到，根据数据通信发展，数据流量爆炸式增长，当时的 3G 和 Wi-Fi 很快就会满足不了这种爆炸式增长的流量需求，因此我们必须有新的技术。

---

1. 时分同步码分多址的英文简称。——编者注
2. 长期演进的英文简称。——编者注

后来的结果大家都知道了，我们 2010 年在上海世博会推出了全球第一个 TD-LTE（4G）的演示网，向来自世界各地的一些观众演示 4G 的技术。2011 年，我们在一些大城市建立了 4G 的试验网，做网络的试验。2012 年，我退休了。2013 年 12 月，国家发了 4G 牌照，中国移动以很快的速度建设了全世界最大的 4G 网络。

这两件事是给我印象很深的两次大决策，让我知道第一要能够深刻地了解行业发展的规律；第二就是要提前做准备。

这两点正好在"货殖列传"中都谈到了，因此在这个过程中我头脑里也会不时地出现"货殖列传"中的一些话。

04 保持前瞻性与差异性

其实"货殖列传"不光讲了要有前瞻性这一原理，它还讲了一些跟现代管理理论中很相似的内容。比如，"货殖列传"中讲了战国时期的一个商人白圭，他说了 8 个字叫作"人弃我取，人取我与"。这八个字的意思就是，在货物很多、人家都不要了、以低价卖掉的时候，我就买入这些货物，当货物稀缺、别人以高价去收购这些货物的时候，我就把它们卖出。

这 8 个字其实也是很有意思的。大家知道巴菲特有一句名言，叫作"要在别人恐惧时贪婪，在别人贪婪时恐惧"。我当时觉得"这两句话怎么这么相似"，但是它们中间相隔了几千年。

善读：企业家如何在阅读中精进成长

看了中国古代的这些经营思想，我确实非常有感触。即使在我们今天的经营中，差异化这个观点也是非常重要的。"旱则资舟，水则资车"中，其实既包含了一个提前量的原则，也包含了一个差异化的原则，要求我们干跟别人不一样的事情。

哈佛大学商学院有一个教授叫迈克尔·波特，他写了一本很著名的书叫作《竞争战略》，他讲了几种战略，其中就讲到了差异化的战略。他说差异化可以给竞争对手造成一种新的壁垒，使竞争对手要花很长的时间去追赶。

当时还有一本书，是钱·金写的，叫作《蓝海战略》，他说在经商的时候，我们既面临着红海也面临着蓝海。红海是已知的市场，里面充满了竞争；而蓝海是未知的市场，里面充满了机会，当然也有风险。他说："我们要在竞争当中取胜，最好的办法就是回避竞争。"

我觉得，这些跟"货殖列传"中所说的一些经营思想确实非常相似。

我还可以举出很多例子，比如大家都知道的史蒂夫·乔布斯，他经常说的一句话叫作 Think diffrent，就是我们要与大家想的不一样，不断地制造差异化，才有可能在竞争当中取胜。

其实这是每一个企业的经营者一直在考虑的问题。为什么有的企业那么成功？为什么有的企业失败了？他们的经营者不努力吗？他们可都很努力，只是很难用一句话来说清楚如何能抓住先机。

我说不出那些理论，但是我有一些实践体会。你看看世界上那么多大大小小的企业，有那么多成功的企业领导者，其实他们每一个人的背景都是不一样的，没有一个统一的答案。

在信息技术（IT）行业和电信行业，大型跨国公司的首席执行官，有的是工程师出身，有的是会计师出身，也有的是律师出身，甚至我还知道有一个很大的公司的现任首席执行官曾经是一个手球运动员，他们都很成功。

那么究竟成功的秘诀在哪里？我觉得作为管理层也好，作为企业的首席执行官也好，个人没有这么大的本事，他本身不可能通晓行业技能，因此企业成功的最重要的因素是，管理者要能够对这个行业有所理解，真正地理解这个行业。只有对这行业有了深刻的理解，管理者才能从中悟出这个行业的规律，然后在关键时刻做出正确的决策。

这是一个共同点，而其中又离不开前瞻性，离不开差异性。

我读这本书的时候，就觉得自己又回到了历史之中。我一篇一篇地看，一看到它里面提出的这些理论，特别是经营之道，又觉得这些理论那么现代，跟现在国内外一些学者的理论又那么相像。这确实给我印象非常之深，因此我推荐这本书给大家。

李湛军
北京大学国际政治学法学博士。
北京发行集团原董事长、党委书记

善读：企业家如何在阅读中精进成长

数字化时代的
组织管理

——

李湛军 领读

《价值共生》

　　《价值共生》是中国著名管理学家陈春花教授 10 年
数字化组织研究与实践的集大成之作。作者以数字化
生存为背景，结合其 10 年数字化组织管理研究与实
践，从个人和企业两个角度，完整呈现了新的组织管
理体系，帮助人们透彻理解数字时代组织的本质和特
点，认识组织的边界和新内涵，帮助企业创造价值共
生的组织形态，以适应复杂、不确定的未来。

　　我是李湛军，很高兴与大家分享一部著作，
即陈春花教授写的一本书——《价值共生》。我
把它的内容归纳为：探索数字化时代的变化与未
来，重构企业经营管理的新理念。

陈春花教授既能平视西方经管学理论，又能针对中国企业在改革开放进程中面临的难点和痛点发力，形成了自己的一套系统的，有别于西方传统经济管理经济学理论的价值共生论。

我们注意到一个现象，中国经济管理学者近年来越来越受到国内读者的推崇。中国数字化基础建设优势支撑了我们大批优秀的数字化企业的诞生、成长。

这样的企业正成批地涌现，而且很多已在规模上和营收上领先全球。中国的产业数字化正成为全球经济发展的新经济增长点。与此同时，我们中国的企业改革实践也造就了像陈春花教授这样一批既能够融会贯通西学，又能用我们中国理论、中国案例来解读数字化发展的变化与未来的专家学者。他们的成果不仅切合实际，非常接地气，而且不输当下许多世界经济管理领域著名学者的理论，比如德鲁克、稻盛和夫等学者的理论。

陈春花教授既运用哲学思辨，又运用逻辑论证的系统范式重新审视数字化时代之前和之后产业与市场之间的变化及其对应关系，并对其进行了理论概括和系统归纳，提出了对数字化时代下重构企业经营管理的新概念。

她从五个部分去把握数字化的未来，从三大认知去洞悉数字化的本质，从四个转变去重构企业的核心价值。书中还运用了许多学科知识、经典案例，因此这本书不仅有丰富的知识，实操性强，而且也能给人以创新和智慧的启迪。

本书提出要从四个转变去重构企业的核心价值。有哪四个转

142

变？第一个是新功能：从管控到赋能。第二个是新结构：从层级化到平台利他。第三个是新能力：从分工到协同共生。第四个是新目标：从实现组织目标到兼顾人生意义。

01 数字化的本质

让我们先来看这本书第一部分，数字化的本质。数字化有三个显著特征。第一个特征是，连接大于拥有。这个特征是数字化最基本的特征。工业时代强调的是拥有。在那个时代，生产力低下，人们还不具备数字化的链接能力。但是数字化的今天，提供了链接的现实可能。链接能够使我们进入一个新的天地，比如共享单车、滴滴打车提供的链接的意义，就远远大于我们过去非要拥有一辆自行车或者非要拥有一部汽车的意义。

数字化的第二个特征是共生，是现实世界与数字世界的融合。数字化技术帮助我们把现实世界和物理世界链接出了一个孪生的世界，这就是数字世界。陈春花教授在书中特别提到，当特殊情况发生的时候，我们的物理世界可能已经停滞了，大家不能交往、不能出游，甚至不能进行物理空间的接触，但是人们的学习生活、人们的工作方式，又以另一种方式在进行，也就是在线上或者在数字链接中。数字化最大的特点就是让空间更大了，人们拥有了一个孪生世界，将虚拟和现实组合在一起，这使我们人生的价值创造有了更多一层空间。

数字化的第三个特征，是陈春花教授强调的当下。她将当下总结为把过去与未来都压缩到当下。她讲到一个概念，工业化时代的发展更像一个有限游戏，那时人们的生产处于一种竞争状态，游戏是以赢为目的而结束的。数字化时代的发展是一种无限游戏，没有过去，只有现在、当下到未来。因此这种情况不是以竞争优势比输赢，而是以共赢的方式进行竞争。

举一个例子。像京东、拼多多，它们在自己的平台上销售产品，同时也开放迎接更多的商户进入平台销售产品，其中不存在比输赢的竞争关系。

数字化的这三个特征给我们带来了三个根本性的挑战与机会。

第一，任何行业可能都不一定需要以往的经验，很多数字化产品与过去的概念没有联系，它们是从当下面向未来的，它们不看过去，已有经验对它们也是没有意义的。

以电动汽车为例，它与汽车不是同一个概念。它更像一个智能化的电子产品，更像一个移动的电子空间，因此以往工业制造汽车的经验未必对它有用。我们虽然没赶上工业时代制造汽车的历史——西方有一两百年的汽车制造史，但是电动汽车对我们来说可能就是一个机遇。

第二，越拥有核心竞争力，陷阱可能越大。陈春花教授在书中举了柯达和富士的例子。早期柯达比富士更早地运用了数字技术，而且柯达的实力远远超过富士。但是由于柯达拥有比较优越的传统优势，因此它没有把数字技术聚焦于未来的新产品，而是聚焦于它的优势产品胶感胶片；而富士虽然落后于柯达，但它直接聚焦于未来的产品，形成后发优势。最终的结果是，柯达以破产告终。这说明，企业原先拥有的核心竞争力在数字化的逻辑下未必就是优势，甚至可能是一个陷阱。

第三，陈春花教授谈到未来的发展采用的将不是我们理解的或者我们习惯的发展模式，未来的游戏会是一种无限游戏。

这三个挑战与机会让我们感受到，我们要认真地理解产业数字化带来的变化。数字化对产业最大的影响是，数据跟我们生产的任何一个环节结合，都会产生全新的产业价值。陈春花教授谈到，互联网正由上半场进入下半场，在上半场中，数字化重要的改变是在消费端，而在下半场，线上线下被打通，我们将面临的是供应端、产业端的变化。有很多企业家认为，上半场中虚拟经济冲击了实体经济，甚至也会产生一种集体的焦虑感。其实《价值共生》这本书指出，并不是虚拟经济冲击了实体经济，而是消费端改变了，是顾客开始淘汰实体经济。下半场要打通线上线下，打通实体经济和虚拟经济，因此数字技术要满足顾客价值，虚拟经济要和实体经济融合在一起，只有实体虚体融合，才能创造新的产业价值。

虚体实体要融合，就牵涉我们在认知上要做的六大转变。

第一个转变是，一切都在转化为数据，数据将影响价值本身。数据在互联网这个时代里，对产业的影响正朝着两个方向发展。第一个方向是商业模式，中国近年来的商业模式的创新速度非常快。第二个方向是效率改变，数据带来的效率不是传统销售和传统生产的效率，而是非线性的、大跳跃地上升的效率。

第二个转变是，连接比拥有更重要，学会连接能更节约成本。

第三个转变是，开放信任和协调是关键。数字化的发展更强调协同更强的共生，更强调开放，要建立信任，建立协同，就要摒弃很多原先的狭隘的心理障碍。

第四个转变是，要从竞争逻辑转向共生逻辑。在工业时代，工业的关键价值是满足顾客需求，因此那个时代的战略关键，更多的是聚焦比较优势，大家拼的是谁能够最终在竞争中获胜。但是在数字化时代，这个竞争逻辑不再适用，战略核心是如何共生，如何创造顾客价值。

第五个转变是，顾客主义。在数字化时代，一切都在急速变化，"不确定"是常态，但是陈春花教授认为，其他都在变化，不变的唯有顾客。因此我们的战略决策要从顾客出发，再以顾客为终点，完成这个闭环。

第六个转变是，要坚持长期主义。只有坚持长期主义，我们才能够超越危机。

02 个体价值崛起

《价值共生》这本书的第二部分讲的是个体价值崛起。

陈春花教授提到，互联网时代的个体价值崛起有三个影响因素。第一，数字技术使得个体比过去拥有了更充分的信息；第二，个体可以使用互联网平台技术提供的公共设施；第三，今天的效率不仅从内部产生，外部也能协同内部产生同频共振。

个体价值崛起会引发一个现象，如果个体的能力发展速度超越了组织的发展速度，优秀个体有可能会离开自己的组织。反过来，如果组织的发展速度超过了员工个人的发展速度，那么组织也可能会淘汰内部员工。因此，在数字化时代，组织也需要形成动态适应能力，而且对组织而言，驾驭新个体成为关键。

如何让强个体集合在我们的组织平台上，是我们领导者面临的一个挑战。

03 重新定义组织管理

《价值共生》这本书的第三部分讲的是重新定义组织管理。

原来的生产函数是产量等于劳动力加资本。数字化以后，劳动力乘以数字化技术，资本再乘以数字化技术，这种函数的变化就会重新定义产业，就会产生更大的新的价值空间。那么既然产业被重新定义了，市场也被重新定义了，认识世界的方式也会被重新定义。我们的组织管理如何适应这种形式，如何支撑这种新的生产函数？《价值共生》这本书为我们提出了方法论。按照组织管理的要求，为了获取最佳效率，必须解决四个命题：第一个命题是个人和目标的关系，第二个命题是个人和组织的关系，第三个命题是组织和环境的关系，第四个命题是组织和变化的关系。

那么这四个命题在重新定义的环境下都发生了变化，比如个人和目标的关系。过去是个人目标要服从组织目标，而现在如果只强调满足组织目标，并且组织目标不涵盖个人目标，那么这个人可能就不干了。现在很多年轻人工作不一定就是为了赚钱，他们可能有多元化的需求。只有组织目标和个人目标一致，个人的价值才能被激发出来。过去是个人服从组织，现在虽然个人也得服从组织，但同时个人也影响组织。

过去，组织所处的环境是相对稳定的；互联网时代技术迭代，黑天鹅频繁出现，组织所处的环境是不稳定的。

过去是组织适应变化，现在是由于变化太快，变化的影响超过组织的影响。

这四个命题的改变也就带来了很大的变化。比如有一家公司，20年前公司里的人都被同行挖走，可是10年前公司里的人都跑去创业了，最近5年，公司里的人又被人家挖去当总裁了，人的流动在不同时期发生了很大的变化。对现在的员工，企业如果单给高薪，未必能留得住他，还必须给他赋能，让他增长能力、本事。这就是互联网时代的员工的一些变化情况。

陈春花教授对此提出了组织整体管理的七个原理。第一个原理，经营者的信仰就是创造顾客价值。时代在发展，不确定因素太多，永远不变的是企业和顾客的关系。企业只有坚持顾客至上，围绕顾客，才可能走出危机。第二个原理，顾客在哪里，组织的边界就在哪里。互联网时代需要更多的是协同共生，需要更多的是跨界、跨领域的合作。第三个原理是，成本是一种价值牺牲，是整体价值的一部分。这个原理强调的是什么？没有最低成本，只有合理成本，不能简单地追求成本越低越好。第四个原理是，人与组织要融为一体，管理的核心是激活人。第五个原理就是领导者要学会驾驭不确定性，因为在互联网时代，"不确定"将是常态。那么如何驾驭不确定性？一是要具有创业精神和创新能力，二是拥有超越自身经验的能力。我们不能老是固守自己的旧有经验，否则会落入新的陷阱。特别是有些过去被证明成功的企业家，更不能迷信以往的成功经验，要不断地学习，拥有新的学习能力。第六个原理是要善于把个体价值集合成智慧，形成一个共享平台。第七个原理就是要由工业时代的分权、分利、分工，转向协同整合。

04 重塑组织价值

《价值共生》这本书的第四部分讲的是重塑组织价值。如何重塑组织价值？书中讲到要做五个转变。

第一个转变是要由过去的管控方式转变为赋能方式。如何赋能？一是对员工进行多角色分工，二是对员工进行高身份的认

数字化时代的组织管理

定，三是赋能工作场景。在工业时代，企业家比较计较，不愿意给人角色，而在互联网时代有这个条件，分工精细、复杂、繁多，比如现在有的企业设有首席员工，有的媒体设有首席戏剧员。这种多角色的分工和高身份的认定让员工有一种成就感。

第二个转变是要从科层管理制，转向平台的利他制。在工业革命时期，科层制管理对稳定状态下规模化生产、质量标准的统一是有积极作用的。但是互联网时代下的生产方式变了，具有更多的多样性、复杂性、分散性。在这种情况下，平台管理方法就有它的优势，但是就目前来说，在一个企业里面单一采用科层制或单一采用平台制可能都未必适用，要分析具体情况。

第三个转变就是协同共生实现价值创造。企业的能力是由三个要素决定的：一是你拥有的资源，二是你管理的流程，三是你的价值判断。如果这三个要素都是固定的，那么企业就会有一定的局限性。怎样才能打破这个局限性？方式就是通过协同共生实现价值创造。

之前，我到温州的一个农村去考察，就发现在当地政府的帮助下，一个村镇和一家企业采取"股金、租金、薪金"这种"三金模式"，通过协同共生成功地实现了土地流转，创造了新的价值。这种方式，既增加了农民的收入，又提高了土地的使用价值。企业获得流转的土地，通过资本的运作，土地也增值了，农民也富裕了，这就是协同共生的一种模式。

第四个转变是管理层意识的转变，这要求管理层意识要实现

善读：企业家如何在阅读中精进成长

三个转变。第一，秉持利他与共生的价值信念。如果管理层不具有利他和共生的价值信念，那么协同共生的这个价值观的落地是推动不了的。第二，坚持技术信息和知识的共享。我们要通过技术形成的网络平台，把自己的资源信息通过平台进行分享，通过利他而利己。第三是保持开放性，向自己的行业，向自己跨领域的企业开放自己的市场，开放自己的平台。

第五个转变是要努力学习打造学习型组织。学习型组织的重要意义，一是在企业内部创造共同的语境，形成实现目标的凝聚力；二是通过组织学习给员工赋能，增加他们的本事和专业能力；三是组织学习能够培养员工共同的工作习惯；四是组织学习，能够消化、整理企业的知识管理。

05 知识革命与学习

《价值共生》这本书的第五部分内容是知识革命与学习。陈春花教授在这本书里有几句名言。第一，知识变成了生产力要素。陈春花教授认为，在互联网时代，知识不仅是生产力的要素，而且是首要要素。第二，她提到，知识不再是名词，而是动词。她强调要学会用已有的知识创造未来的知识，用未知的知识掌握已学习的知识。第三，拥有学习力已经成为企业战略的变量，战略的好坏，战略的高低，战略能否成功，与这个企业的学习力息息相关。

　　　　　　　　数字化时代的组织管理

姜俊贤
中国烹饪协会会长，北京全聚德集团前董事长

善读：企业家如何在阅读中精进成长

卓越和优秀企业
应该具有的八个特质

姜俊贤 领读

《追求卓越》

　　《追求卓越》的作者针对 IBM、惠普、强生、迪士尼、沃尔玛、麦当劳、万豪、花旗、3M 等 43 家美国经营成功的企业进行了系统研究，总结出了卓越和优秀企业具备的八大特质：一、采取行动；二、接近顾客；三、具备自主和创业精神；四、以人为本；五、亲身实践，价值驱动；六、坚持本业；七、组织单纯，人事精简；八、宽严并济。虽然书中提到的一些企业因为偏离了方向，近年来经营衰败，但是它们长期以来的成功纪录却是值得效法的。正如作者所言，这八大特质无论当时还是现在都适用。本书适合企业管理人士、高校管理学学生、管理学爱好者阅读。

这本书出版于 1982 年，是世界上畅销的工商管理书之一。

这本书不同于教科书式的企业管理类书籍。在做全聚德集团董事长期间，我读了很多企业管理方面的图书，也去参加了很多关于企业管理的学习班、研讨会。那些企业管理的教科书式的图书，往往一本只涉及某一个企业管理的专题，比如营销学、管理学、体制建设等。

而这本书不同于其他企业管理方面的图书，它是带有普遍意义的一本书。作者在调查了 40 多家美国最优秀的企业以后，从这些优秀的企业当中提炼出了八个卓越和优秀企业具备的特质。因此，这本书对几乎所有行业的企业，都有很重要的指导意义。

我们的企业，也需要借鉴美国卓越和优秀企业发展的经验。我想这本书里面谈到的卓越和优秀企业具备的八个特质，对我们的企业来说，也有非常重要的指导意义。

这本书从问世以来，仅中文版就印刷了 16 次，可见它受到工商企业界人士的热烈欢迎，直到现在还被大家津津乐道。

在 2003 年再版的时候，这本书的作者汤姆·彼得斯和罗伯特·沃特曼在序言中这样评价自己：

《追求卓越》一书所提炼的核心内容，对我们来说它所阐述的八个特质，无论在当时还是现在都是适用的。自从《追求卓越》出版之后，我们写了许多的书，以不同的方式来呈现我们的观察所得。可是没有任何一本书比《追求卓越》写得更精辟。特质就是特质，不是原则。在没有更明确、更好的东西之前，我们还是坚持这八个特质。

可见作者对这八个特质是深信不疑的。

从我个人的感受来说，读了这本书，对照书中提到的卓越和优秀企业应该具有的八个特质对企业进行经营和管理，也让我受益匪浅。

01 卓越和优秀企业应该具有的八个特质

作者在这本书里介绍的八个特质是什么呢？

书中讲的第一个特质就是采取行动。我对采取行动的理解是要抓住机遇，果断行动。

第二个特质叫接近顾客。我想用我们的理解来说，它指的就是要深入基层调查研究，要找准市场。一家企业，到底是为哪一个层面的消费者服务的？其产品要满足什么样的顾客的需求？这是一家企业在市场中生存的最基础的条件。如果连这些都没想清楚，如果还不知道自己应该服务哪些顾客，不知道产品会得到哪类消费者的欢迎，那很难说你能把企业经营好。

第三个特质就是具备自主和创业精神。用我们的话讲就是企业要独立自主，要勇于创新。老字号企业，在继承传统的同时，也必须不断创新；如果老是抱着老祖宗留下来的产品、老祖宗留下来的一些经营模式，在新的时代就没有生存的空间。

第四个特质叫以人为本。依照我的理解，这实际上就是要动员、团结企业的员工，心往一处想，劲儿往一处使。企业的举措、企业文化要能起到凝聚人心、动员全体员工向着一个目标奋斗的作用。

第五个特质是亲身实践，价值驱动。这用今天的话说就是，作为领导者，作为一个企业的负责人，我们要善于深入基层，身体力行做出表率，带领员工一起为企业的奋斗目标而努力。

第六个特质就是要坚持本业。关于这点，我在实践当中体会得越来越深刻。我们现在的很多企业往往是这山看着那山高，做了这个产品，又觉得对方的某个产品很受欢迎，市场很好，于是就去做别的事情。由于不熟悉那个行业，不熟悉那个产品，跨界的收购兼并往往反而拖累了自己。现在也有一种说法，就是企业的产品、企业的经营方向一定要高度聚焦，不要分散自己的精力，否则结果可能是所有产品、所有项目都没能做好，因此我们要专心致志地聚焦本行。

第七个特质就是组织单纯，人事精简。这一点很好理解，就是我们经常讲的精简机构，或者叫扁平化管理。现在有很多大企业病的病因就是层次太多，命令或指示一级一级地传达，传达到最后命令或指示的内容可能已经只剩下 20% 了，就不能很好地得到贯彻。如何为企业找到一种扁平化的高效的管理体系？我想这是任何一个企业都必须认真加以研究的课题。

第八个特质就是宽严并济。我想他讲的就是要奖罚分明，这样才能更好地调动员工的积极性。同时，这里的宽严并济还有一层意思，就是对于企业的运营，该放权的时候就要放权，要给基层充分的自主权去处理千变万化的市场中出现的新事物和新问题，同时该收的时候还要收得回来，做到放而不乱。如果放出的权收不回来了，这家企业就会成为一盘散沙，各自按照自己的理解去开展工作，就很难形成合力。只是作者把这两者，即对员工的奖罚分明和对权力的放收，都理解为宽严并济。

其实这本书很厚，有几十万字，但是归纳起来无非是对这八个特质的提炼、归纳和总结、评价。作者在提出这八个特质以后，充分地阐述八个特质在企业运营管理当中的共性和规律性，可以说，作者道出了作为工商企业经营者所必须具备的品质、能力、作风、领导艺术，因此这本书不仅对美国的企业有指导意义，我相信对我们的企业同样具有重要的指导意义。

这本书提炼出的八个特质，给经营者或者企业领导者带来的启发和理念，不是具体的数字，不是具体的公式，不是具体的方法，而是一种精神，是一种领导艺术。

我当时非常喜欢这本书，经常用书中的一些观点来分析、看待企业遇到的很多新的问题。谈到这八个特质，其实我想任何一个企业，都会或多或少地具有某些特质。

下面我想结合八个特质中的一两个来谈一谈我在全聚德集团

工作时遇到的一些实际的案例。让我们来共同体会这八个特质对企业运营管理的重要性。

02 部分特质对企业的运营管理的重要性

第一个特质就叫采取行动。我对此的理解就是抓住机遇，果断行动。

1993 年 5 月 20 日，全聚德集团正式挂牌成立，当时气氛非常热烈，大家对全聚德集团高度重视。

集团成立以后，我们大概用了半年的时间，捋顺了各种体制和关系，到 1994 年就开始做两件事。第一件事就是组建全聚德股份有限公司，把一个国有企业改造成一个股份制的企业，并且马上提出参与上市工作。第二件事就是引进连锁经营理论，用连锁经营的方式发展老字号。

这两件事在当时，我认为都是具有开创性的。一是股份制，股份制的试点是在 20 世纪 90 年代初开始的。因此我们全聚德集团的整个上市过程，几乎覆盖了中国股份制改革的所有历程。

我们率先把连锁经营的理论引用到全聚德集团的发展当中。中国的连锁经营发展大概从 1995 年开始。当时召开了一个连锁经营的推广会议。中国连锁协会在整个连锁经营的调查当中，也确认全聚德集团是第一家运用连锁经营的模式加快企业发展的企业。

当机会来临，当条件具备，当看准了市场的时候，我们就要果断行动，不要犹豫不决，不要瞻前顾后。我们因此加快了对全聚德集团的改革工作。

对于这八个特质中的具备自主和创业精神，我的理解就是要勇于创新。全聚德集团成立以后做了两件事，都是具有开创性的。同时，我们在企业管理方面，在经营上，都按照连锁经营的要求，建立了中央厨房，建立了配送中心。当时是 20 世纪 90 年代初，那个体制、那种模式，就是直到今天也被连锁企业推崇并积极推广、实行的统一配送。

比如，我们率先实现了经营权和所有权的分离；比如，我们设计和开发了全智能的全聚德烤鸭炉，它们完全是运用电脑芯片自动控制的；比如，我们引进了股份制，按照当时的资产进行了全面评估，按照当时的政策让一部分管理层和员工实现了持股。

这本书在介绍八个特质时分别列举了一些案例，我想这些案例和我们全聚德集团的各个业务工作、各个管理工作都存在一种内在的逻辑关系。

总之，我觉得卓越和优秀企业的这八个特质，讲的不是企业经营的方法手段，讲的是一种精神，用作者的话说是一种特质。

当我们具备这些特质的时候，我们就会把企业的员工带动起来，这些特质就会渗透企业经营管理的方方面面，最终推动企业走向成功。反过来讲，如果我们自觉或不自觉地放弃了八大特质其中之一或者一部分，企业就会走向衰弱。

对这些现象，作者在 2003 年的再版序言当中是这样来解释的，他说：

> 尽管书中介绍的某些公司因为偏离了方向，在这些年日益衰败，不过它们长期以来的成功纪录却是值得效法的。如同正处于巅峰时期的运动员一样，有许多值得学习之处。我们写的不是永恒的卓越，这就好像期望伟大的运动员都不会老一样奇怪。

这也是这本书到现在还有这么多的读者的原因，也是我这次想推荐这本书给我们工商界人士的一个很重要的理由。

企业总有高峰期、低谷期，无论处在哪个时期，我觉得这本书里所阐述的八个特质都是不能丢的，它们是我们的灵魂。我们若坚持这八个特质，企业就会走向兴旺。

善读：企业家如何在阅读中精进成长

杨秀龙
北京宴董事长、俏江南 CEO、中国服务学习联盟创始人

善读：企业家如何在阅读中精进成长

在实践中
追求卓越人生

—

杨秀龙 领读
《干法》

　　《干法》是稻盛和夫以 78 岁高龄出任日航 CEO 之后推出的第一本书。稻盛和夫在该书中首次与读者分享自己在工作上的做法和心得。该书在日本出版，不到一年就再版 19 次，月销量最高达 20 万册。稻盛先生结合自己 70 余年的工作经验，与读者探讨工作真正的意义以及如何在工作中取得成绩，为身在职场的读者点燃了指路明灯，同时，这些思想对企业管理者也有借鉴意义。书中介绍了他不可动摇的"信念"，以及他被实践证明了的正确的"工作哲学"。

　　我是北京宴董事长、俏江南 CEO 杨秀龙，山东人，高中没毕业，因为得了肺结核被迫休学，所以错过了那一年的高考。到现在为止，我的第一学历都是高中毕业。后来我开始打工，一打就是 18 年。我敏锐地感觉到服务时代已经来临，就开始研究服务，之后自己首创了一套中国服务的理论体系，来北京开始创业。

其间有本书一直伴随着我，就是稻盛和夫的《干法》，这真是一本"泄露天机"的书。读完这本书，我们对工作甚至对未来战略都会有一个全新的概念。这本书也为非常多的商界高手所推崇，稻盛和夫本人更被称为日本的"经营之神"。

01 人为什么要工作

这本书总共分为 6 章，每一章都体现了完整的商业体系。

我先分享一下第一章——人为什么要工作？我觉得这个问题非常有意思。《干法》应该是讲怎么干的，稻盛和夫却把第一章定义为人为什么要工作，我觉得这非常重要。我们搞明白了为什么去干这件事情，之后才能决定能不能干成。如果没有这样的动力，成功根本无从谈起。

书中有非常多的金句。第一句话是："……全身心投入工作。这样的话，不管面临多么困难的局面，神一定会帮你，事情一定能成功。"

稻盛和夫认为世界上没有神，如果说有神，那么神就是你自己。你自己怎么能成为神呢？你在全身心地投入工作的时候，你

善读：企业家如何在阅读中精进成长

会成为主宰自己未来的神。

第二句话是："拼命工作的背后隐藏着快乐和欢喜，正像漫漫长夜结束后，曙光就会到来一样。"如果现在有一种方法，让你在工作 8 小时之后就能获得成功，就能得到回报，你想不想掌握？我想很多人会说"想"。恭喜你，你具备当钟点工的潜质，钟点工就是干够多少小时，对方必须付钱，你活干完了就收钱，除此之外没有哪一项工作是付出就能马上得到回报的。种草需要 7 天才能收获，种树需要 10 年才能收获，育人可能需要更长的时间才能收获。

稻盛和夫认为我们要静静地等待，拼命工作的背后隐藏着快乐和欢喜，这很正常。就像漫漫长夜中一样会发生很多的事情，第二天早晨太阳一定会升起。

我觉得在这第一章中，稻盛和夫结合自身体会，引导读者在阅读的过程中自然而然地迸发一些心得。

他讲了非常多自己的故事，其中一个故事对我影响很深。他说，他当时在研究一种陶瓷。这种陶瓷内含很多矿物质粉末，把它们压在一起的时候需要一种黏合剂，之后它们被放在炉上烧，但烧完之后黏合剂还在陶瓷里边，因此这种陶瓷的纯度总是达不到要求，用这种陶瓷生产出来的产品就不能过关，但是不用黏合剂，这些粉末又不能成形，这是一个两难问题。

他天天想，却一直没有找到答案。有一天他刚去上班，一进门脚就被一个东西绊了一下，他一看是一块松香，气坏了，说：

"这是谁工作这么不负责任，松香掉到地上也不捡起来。"他就一脚把松香踢开了，结果松香粘在他的鞋上掉不下来了，他骂骂咧咧地就把松香给拿下来了。在放松香的过程中突然反应过来。松香可以粘在鞋上，这不就是黏合剂吗？心想："松香能燃烧，如果我把它研成粉末，将它当成黏合剂最后一烧它也跟着燃烧了，不就挥发了，矿物质不就纯净了吗？"他就赶快行动，果不其然，这样一做他就获得了非常纯净的陶瓷。

他说，只有在极度地投入工作，全身心投入（all in）一件事情的时候，"神仙"才会来帮你。

02 如何投入工作

第二章讲的是如何投入工作。如果你知道应该好好工作，但是找不着兴奋点怎么办？该如何让自己投入工作？稻盛和夫又给出了很多方法，它有三句话让我印象很深。第一句话是："热恋中的情人，在旁人看来目瞪口呆的事情，他们却处之泰然。"他认为工作也是一样，只有迷恋工作，热爱工作，你才能长期坚持艰苦工作，一以贯之，无怨无悔。

这个例子举得太好了。我们说"男儿膝下有黄金""男儿有泪不轻弹"，一些小伙子跪在女朋友面前哭得稀里哗啦的，我们会觉得"至于吗"，但是小伙子觉得很正常，他碰到自己心爱的人了，自己感到可以托付终身了。

稻盛和夫多次引用这个例子，他说，不要过分在乎别人的感受，我们只要喜欢自己的工作，就根本不会在乎别人的看法；而只有不在乎别人的看法，我们才能以 all in 的心态投入工作。

真正的武林高手内功强大，闭上眼睛、气沉丹田，睁开眼发现面前什么武器都没有，只有一张餐巾纸，以纸为剑，将内功放在"剑"上扔出去，百米之外人头落地，这叫"人剑合一"。开车的最高境界是人车合一。

那么我们工作的最高境界是什么？人工合一，就是人和工作合为一体，这是稻盛和夫认为的一种境界。他说如果你自己就是自己，工作就是工作，你永远不可能喜欢上自己的工作；只有你自己就是工作，工作就是你自己，你 all in，才能够做到人剑合一、人车合一、人工合一，这样你才能发自内心地喜欢上你的工作。

第二句话给我的印象很深刻，他说："与其寻找自己喜欢的工作，不如先喜欢上已有的工作脚踏实地，从眼前开始……与其追求幻想，还不如爱上眼前的工作。"很多人老是想着换工作，换来换去也找不到适合自己的工作，这就是因为自己的心态在作怪。而稻盛和夫对这个问题有自己全新的认知。其中一个例子叫"抱着产品睡"，给我留下非常深的印象。有一个材料需要冷却，同时需要保证它的平整度，但是一冷却产品就开始变形，一变形这个产品就废了，他说自己恨不得抱着产品睡，倾听产品的声音，极度地靠近它。

他要做一个很薄的晶体片，就是陶瓷片，产品要经过 1600 摄氏度的炉温烧制，这个陶瓷片特别薄，当达到 1200 摄氏度的时候就开始弯曲，陶瓷片就废了。它的废品率非常高，几乎没有成品，稻盛和夫就天天蹲在炉子门口看。当达到 1200 摄氏度高温，晶体片开始卷时，他说："我恨不能把自己的手伸进去把它压平"，他突然灵光一现，"我用手一扶一压，就可以把它压平。为什么我不做一只假手呢？"他就用耐火材料做了一个重物，在烧制晶体片的过程当中压在上边，最终烧出了成品，他高兴坏了。这就叫全身心地投入工作，而且是不嫌弃自己的工作，喜欢自己的工作，不让步，这个时候就真的会有神灵来帮我们了。

书里还举了非常多这样的例子。这是稻盛和夫在这一章里带给我的一些震撼和启发。

03 持续以高目标为动力

在第三章中他说，我们要持续以高目标为动力，而且要付出不亚于任何人的努力。他说，我们要不停地设计目标，现在就能做到的事要一味地做下去是不可能的，要给自己施压，要不停地升压。

他甚至说要以 100 米跑步比赛的速度去跑马拉松。你可能觉得这不合常理，但是他认为，只有凭借这种"不合常理"，我们才能够取得突破。

善读：企业家如何在阅读中精进成长

本章有非常多的金句，我摘录了两句和大家进行分享。

第一句话，他说："纵使是自不量力的梦想，是看似高不可攀的目标，还是要在胸中牢牢立下这个目标，并坚持不懈地在同仁面前展示这个目标。"他就是这么认为的，纵使是自己认为自不量力的目标，是吹牛，也不要光给自己吹，还要进行"官宣"，当众"吹牛"。他认为，人生就是不停地"吹牛"，然后拼命把吹过的牛变成现实。

任何事情在来临之前，都不是以我们的想象作为最终结局的。我们只要心中有梦想，心中有目标，就要大胆说出来，这是萌芽。

梦想是什么？梦想在一开始都被冠以"吹牛"的字样，梦想和吹牛有可能是同一件事。所谓成功者，就是把吹过的牛变成现实的人；所谓失败者，就是吹过牛之后，坚持"吹牛是吹牛，干活是干活"的人。稻盛和夫极度推崇先"吹牛"，并且当众"吹牛"，之后把吹过的牛变成现实。

第二句话，他说："不去想，不认真地思考，就什么都实现不了。"无论对于工作而言，还是对于人生而言，这都是铁律，我把它解读为"没有做不到，只有想不到，想到才能说到，说到才能做到"。这就像我们给房子装修。如果设计师都没有想清楚把房子装修成什么样子就去画图纸，你认为他能不能画出来？即使他想到 100 分，也只能画到 80 分，如果他把 80 分的图纸交给工人去施工，最后的效果最多只有 60 分。这就是想到、说到和做到的关系。

稻盛和夫说，一定要设定高目标，"要付出不亚于任何人的努力"，而且自己不仅要设定高目标，在心里边暗暗使劲，最好还要将目标写出来，录成视频，让身边的朋友知道，让家人也知道，让公司中的所有员工都知道。这样你就把自己架在上边了，你就下不来了，这能防止人们产生惰性。

04 持之以恒的努力

第四章中提到，持续是一种非常强大的力量，因此我们要坚持过好每一天。罗马帝国不是一天建成的，持续能让我们把平凡变得非凡，我们每天都要比昨天进步一点点。稻盛先生在书中做了大量这样的阐述。

这一章中第一句给我印象很深的话是："不像豹子那样行动迅猛，而是像牛一样，只是'笨拙'地、'愚直'地、持续地专注于一行一业。"这样才能磨炼你的人格，提升你的能力。他认为做事不能像打了鸡血一样，而要发自内心、勤勤恳恳。有志者立长志，无志者常立志，有志气的人一辈子就干一件事。

这一章中第二句给我印象很深的话是："专心致志于一行一业，不腻烦，不焦躁，埋头苦干……只要你坚持这样做，就能造就优秀的人格，而且会让你的人生开出美丽的鲜花，结出丰硕的果实。"他认为季节有春夏秋冬，人有高峰低谷，坚持做下去，你一定能守得云开雾散。

善读：企业家如何在阅读中精进成长

给我印象很深的第三句话是："当遇上难以克服的困难，认为"已经不行"的时候，其实并不是终点，而是重新开始的起点。"龙虾在蜕壳的时候是很难受的，它觉得自己要死了、不行了，这个时候它如果不挣扎就会死掉，但是它觉得它要挣扎，不能就这样死去，要挣扎，嘣一下，壳碎了，它又获得新生，其中也有同样的道理。

他举了一个例子。他经常去接与他能力不相匹配的工作。譬如那时候 IBM 或者很多电子公司都会有很多棘手的订单，能满足订单需求的陶瓷市面上没有，这个世界上都没有，他怎么可能买得到呢？很多厂家就不做，稻盛和夫会去接这种单子，他说自己能做，其实他不能做。他有一个公式，从终会到达的未来的某一点倒算，现在接了这个活做不到，但想想两年之后对方要货时，这两年当中会产生哪些变化呢？未来两年的技术会不会突破呢？他判断这个行业两年之后应该可以突破技术瓶颈，倒算评估自己现有的能力，再考虑用什么方法去获得这种能力。这个公式太厉害了。

我觉得很多小伙伴买了这本书后，先要翻到这一页好好看一看。在接到一项工作的时候，你一定要衡量这项工作完成的时间，比如两年之后，以你自己的能力能不能达到完成这项工作的水平，而不是以你现在的能力去衡量。

以终为始，再去计算，计算之后再去想我怎么才能具备这种能力，这样你会有一个非常大的提升。

我觉得每一个企业家的思维方式可能都如此。

怎么样才能取得成功？书中说要追求完美。稻盛和夫是不折不扣的完美主义者，他对任何事都精益求精，不允许有任何瑕疵。他说，要完成一个产品，付出 99% 的努力是不够的，一点差错、一点疏忽、一点马虎都不能被允许。他还说，完美主义不是更好，而是至高无上，这是他在工作中不断追求的一个目标。

他说什么叫完美主义？就是他做得太完美了，完美无瑕，做完之后忍不住想去触碰作品，想去亲吻作品，认为它是洁白无瑕的，这就是他的目标。

他在书中举了一个例子。他曾经要做一件产品——会划破手的陶瓷片，它非常薄，像刀片一样，能划破人的手，几乎不可能被完成。但是他要完成，一定要完成。他的团队攻关之后终于完成了这件产品，拿给稻盛和夫看。

毫无疑问，这背后凝聚了他们多少汗水，耗费了多少时间，但是稻盛和夫看到产品上五颜六色的，不够洁白，他说真正的晶体片应该是纯色、纯白的，现在上面有不同的颜色，还不够完美。

团队成员说："稻盛先生，你要的是像刀片一样薄的晶片，我做到了，对颜色你没有要求。"稻盛和夫说不行，回去重新研究，要追求完美。

这就是稻盛的哲学，他不允许有任何瑕疵。

05 创造性地工作

在第六章中,稻盛和夫说要创造性地工作,不能因循守旧,而且多用外行,每天都要创新,不能走老路。其中有三句话对我影响很深。

第一句话是:"'铺装平整的大道'是大家都想走、大家正在走的路。在那样的大路上跟着别人亦步亦趋没有趣味。若只知步别人的后尘,则绝不能开拓新的事业。"当然,他不是指在走路的时候真正这样走,而是提倡我们在工作中不因循守旧,要有别于常规。

第二句话是:"即便每一天的努力和钻研创新只有很小一点点成绩,但是,如果积累 1 年、5 年、10 年,那么进步之大就极为可观,最终就能获得惊人的创造性的丰硕成果。"我们企业中也有类似的话,"每天进步一点点",这会把我们导向更大的成功。

他之所以说"多用外行",是因为外行没有先入为主的观念,不拘于继承惯例,总能自由创新。他在创办京瓷之前没做过陶瓷,他提到了任天堂、欧姆龙、村田制作所、罗姆等一大批优秀的企业,这些企业的创业者原本都是企业所在领域的外行,他们却因此开创了新时代。

第三句话,稻盛和夫在这本书中给出了一个公式,这个公式我认为太伟大了。你想在工作中取得好结果就要用好这个公式。这个公式就是"工作的结果 = 思维方式 × 热情 × 能力"。思维

在实践中追求卓越人生

方式如果是 0，你有 100% 的能力，工作的结果也是 0；思维方式如果是负数，你的工作的结果可能就是负数。思维方式决定了工作的结果，还有你的热情，没有热情，你再有能力也没用。

做一下概括，稻盛和夫的这本书真的是一本"泄露天机"的书，我认为它对我们各行各业都有非常大的指导作用。

唐彬
易宝支付创始人兼首席执行官

善读：企业家如何在阅读中精进成长

窥见中国历史文化
之堂奥

—

唐彬 领读

《中国历史精神》

　　中国历史源远流长，其间治乱更替，波谲云诡，常令治史者望洋兴叹，有无从下手之憾，而初读史者，亦每苦于重点之难以把握，以故望而却步。在《中国历史精神》一书中，钱穆先生以其渊博之史学涵养、敏锐之剖析能力，分别讲述史学精神和史学方法，以及中国历史上的政治、经济、国防、教育、地理、人物、道德精神七大块内容，让读者得窥中国历史文化之堂奥，深入了解 5000 年来历史精神之所在，从而认清此一代中国人所背负之历史使命及应当努力之方向。更重要的是，他通过剖析 5000 年历史精神，让我们得以把握历史发展的脉络，也让我们获得文化自信。

我是易宝支付首席执行官唐彬，我为大家推荐的书是钱穆先生的《中国历史精神》。其实我对钱穆的书感兴趣主要有3年左右的时间。

我2003年从硅谷回到北京。经过十几年的创业过程，我觉得自己越来越疑惑了。在中国创业，尤其是在互联网和金融类与国计民生相关的领域创业，怎么能够走得更稳？怎么做才能更好地符合中国的发展潮流，不要走太多弯路？我们需要去了解制度，而制度背后是文化。

我发现还是钱穆把中国经典文化讲得最透，他既不像王国维那么经典，又不像胡适那么现代，钱穆恰恰采用了一个很独特的视角。

他生活的时代，大概在100年前，他是1895年出生的，那个时代正是中国积贫积弱的时候。那个时候主流社会对中国文化基本上采取打压态度，都是要全盘西化的。那个时候社会知识分子做学问不是为了从商，更多是为了给中国的文化和中国的未来找个出路。

钱穆选了另外一条路，他不是一味地打压中国文化，他对中国文化怀有一种温情，按照他的说法，他对历史怀有一种温情。

他一直希望能从古典中找到我们文化的根基，找到我们的文化自信。其实我看过他的一些书，虽不多，但是从他的几本书里，我读出了他对中国文化的透彻理解，我也读出了他对中国文化的一种深深的自信，那种自信不是很张扬的，是凝聚到字里行间、他做的事情里、他说的话中的。

这本书很薄，大家有空应该读一读，差不多三四小时能读完。

这本书总共有七讲，后面还有附录，因此我不可能覆盖全部内容。

我选了两部分内容，最后再加上我的一些观点。一部分内容是从中国地理的角度看中国的政治、经济和文化，另一部分是中国人和中国的历史精神；最后我想谈一下我作为创业者，在互联网时代怎么看待中国文化，在这个时代是怎么找到文化根基和文化自信的，这是我从企业家的角度解读中国的文化自信。

01 从中国地理的角度看中国的政治、经济和文化

从地理角度看中国很有意思，视角是很独特的。中国东南边都是大海大洋，西边是像喜马拉雅山脉这样的崇山峻岭，北边是大漠。在古代，中国作为农业文明国家，交通不发达，人们对世界的认知也不发达，人们认为这就是天下，人们不能再往外走了，那个时候出海也很难，翻越喜马拉雅山脉更不可能。

很早以前，其实在周朝的时候，我们就形成一个文化，叫天下的文化。我们认为我们就是天下，我们是整个世界的中央。在国家概念里面，我们不是很强调一个国，我们强调家、国、天下；要从个人开始，修身、齐家、治国、平天下。

窥见中国历史文化之堂奥

中国的文化，这 2000 年来甚至 5000 年来，是一个大的民族，在一个大的文化框架下面，不断地往前跑，跑了 5000 年，跑得很累了。西方的文化以欧洲为代表，从希腊开始，希腊人是跑了一段，罗马人接棒后跑了一段，后面一棒一棒的，因此西方文化理念不是一个天下理念，他们是一个一个国，他们的理念被主权、被土地、被人局限了。

古代中国人，尤其作为中国人代表的士，将财富看得很淡，毕竟中国历史总体而言比较安定，中国历史统一的时代比分裂时代多多了。

我们中国人追求的不是权力，不是金钱，我们追求的是和谐的、稳定的文化。人与人之间讲和谐，讲君子之道、和而不同，人与自然之间讲天人合一，国与国之间讲王道。中国对人的评判，或对人的推崇，不是基于财富的，更多基于人格的，我们追求完美人格。中国人的完美人格是什么？是不是君子？君子和而不同，君子能够为整个国家、民族，为他周围的人做出一些事情，能够不朽，能够活在人们心中，哪怕他已经离开了。

比如孔子，2000 多年了还活在我们心中，历史上很多人物，像关羽、岳飞、文天祥等都是如此。从人生角度来看，有些人虽然失败了，但他们的道德、人格是很伟大的，他们留下的是文化符号，他们活在我们心中。

中国的文化和中国人的人格，是中国这个大的地域，以及农耕文化造就的。2000 多年来，从秦始皇开始，中国的政治确实有大一统的倾向。第一，天下的概念本来就是大一统的，这是天然的。第二，古代中国是农耕文明，那个时候黄河流域、长江流域，可能江河一泛滥，人们就必须聚集力量来治理，比如大禹治水，就是集中力量办大事情。

中国的政治、经济、文化的特点，和中国地域设计是分不开的，但中国的地域设计在大概一两百年前出了大问题。为什么呢？我们一直认为我们是天下，认为天下就这么大了。

但是，当西方的国家起来之后，他们带着工业革命后诞生的武器打入中国，那个时候作为"一个天下"的国家，我们一下子觉得无所适从，为什么呢？匈奴人我们还是看得见的，但西方列强及他们的武器我们那时还是第一次见，我们突然发现，原来我们不是天下，只是东亚的一个国家而已。

那个时候，我们的心里一下子很失落：我们不仅不是天下，而且不是天下的中心，我们的文化、我们的武器远远落后了。从1840年开始，整个中国进入了一个新的阶段，那个时候我们的文化自信慢慢消失了。我们一代一代的中国人，从曾国藩开始，到孙中山，到近现代一代一代的人都在想办法，都在思考文化自信何时回归。

胡适作为其中一个代表，是中国从近代走向现代的一个符号；钱穆也是其中的代表，钱穆更多的是从历史中、从中国文化中找自信，找力量。我认为他找到了。在看这本书之后，我深深地感受到中国文化这几千年来生生不息不是无缘无故的。

世界上哪个文明能几千年生生不息？四大文明里除了东方中国文明，其他文明都中断了。我感受到，中国的文化在互联网的推动下，在我们这一代人的创业精神的指引下，在某种程度上正在复苏。如果给我们一些时间，那么我们真有可能引发文化的复兴，就像500年前整个欧洲的文艺复兴一样。在未来500年，我想，东方文明，在一些互联网技术和我们一代接一代的人的努力加持下，会演绎一个新的文化走向。这是我的第一个议题。

02 中国人和中国的历史精神

第二个议题，我想谈谈中国人和中国的历史精神。在中国的传统文化中，我们一般说士农工商，商是最末流的，中国的士是不涉经济的，他们更多代表道德典范。

现在越来越多的人从商，这就是一个发展过程。

在这个过程中，我发现了一些可喜的现象，比如开展读书会。开展读书会主要不是为了获得金钱财富，它代表人们正追求另外一种财富——精神财富。为了安身立命，我们可以通过读书会交流一些知识，了解我们的价值到底是什么。

舍生取义、牺牲自己，是中国人很独特的精神文化，这种文化在西方是很难出现的。我们从根上追求活在他人心中，用另外一个比较文学的说法来讲就是追求不朽，永垂不朽。怎么追求不朽？我们有三个办法，一个是立德，一个是立功，一个是立言。

为什么把立德放在第一位？因为立德是每个人都可以做的，不管我们是乞丐还是皇帝，不管我们是亿万富翁还是家徒四壁，都可以立德，可以做点好事，而立功、立言是需要机会的，不是每个人都可以做的。

　　我们的历史精神到底是什么呢？钱穆总结了一句话，中国人的历史精神，用一句话来说就是道德超越，我们是以道德作为精神的。道德精神最重要的是什么？道德精神最重要就是将小我融入大我，为大我服务，这种道德超越了精神。

　　这种精神是一代一代人从两千年前传承到现在的。我们总体而言对君子发自内心的喜欢，君子是有道德的，我们对小人则发自内心厌恶。

　　中华文明之所以能一直传承下来，是因为它基于道德。通过道德，我们找到内心的自我的价值，通过自我价值确立，我们超越了自我，我们即使死了也活在人们心中。我们留下了一些事迹、思想，它们被一代又一代的人传承下来并发扬光大了，这就相当于我们超越了个体，成为文化的一部分了。

　　道德超越的本质是什么？是我们个人的生命通过融入一群人的生命，然后变成一个社会生命，社会生命背后是一种文化生命，被代代传承。人不见了，文化还在，影响力还在。

03 文化根基和文化自信

第三个议题，我想结合前文和我对钱穆这本书的理解，谈谈互联网和中国文化，尤其是我们的文化自信。

互联网于 1994 年 4 月 20 日进入中国，在短短二三十年里，互联网在中国彻底生根了，我们的生活离不开它了，我们的商业离不开它了。

大家有没有想过，为什么互联网在中国这么快沉淀下来了？1776 年，工业文明开始快速发展，但到了一八九几年，工业文明传到中国的时候，整个工业文明在中国还没有被接受。

但互联网文明到中国短短二三十年就生根发芽，中国就成为互联网大国。凭什么？就凭我们人多吗？对于诞生于美国的技术，而且是有深深西方烙印的技术，我们这么发自内心地拥抱它、使用它，这背后绝对不只有简单的器物层面的依凭，一定有文化的深层次共鸣。

为什么？互联网文化是一个平顶结构，它把每一个人通过一种新的技术连接起来。在这个连接里，人们没有高低贵贱之分，没有所谓的中心，每个人都是平等、开放的。通过连接，我们交换信息，我们做交易，我们变得更强大。

中国文化的根基就是，君子之道作为中国文化的人格沉淀，讲究君子和而不同。和而不同就是我跟你之间保持和谐，但是你我是独立的、不同的。这也就意味着在君子的世界里，没有中心，君子之交淡如水，人与人之间平等、开放，而这恰恰就是互联网文化的根基。

这很重要，这就是为什么中国互联网能够这么快地发展起来。我想起了胡适当年和胡思年的对话，他说他们的脑袋已经西化了，很理性，但他们的心还是东方的。因此他们对中国的文化是抱有温情的，就像钱穆对历史抱有温情，对文化抱有温情一样。

我在国外生活十来年，回国十来年，我见证了西方很伟大的地方或者很发达的地方，也见证了我们这片大地上很多让人心存希望的地方，尤其是互联网到来之后。然后我读了钱穆的书，加上我自己的思考，我发现了中西方在根上有很多相通的地方。

我觉得我们这一代人会对我们的文化越来越有自信，会沉淀下来，不会为了追求眼前的一点利益而失去未来，我们中会出现真正的商人——大商人。到那个时候，我相信我们会活得更加沉浸，更加自信，更加执着。

作为士，我们就是要好好地把官做好，把文化传承好；作为商人，我们就要大胆、自信地做创新，引领世界，而不是做一些看不见、拿不上台面的东西。

我曾经想做士，后来觉得做商容易一点，恰恰硅谷又是一个商业和技术中心，我回国创业遇到很多挑战，对文化进行了再思考、再理解，然后让其在中国落地。

这几年我一直在看钱穆的书，他在一百年前也面临一个大变革时代。我们也正面临一个大变革时代，有很多东西是相通的。因此看这本书让我对文化更了解了，让我在做事情时越来越有感觉了，让我对这个时代和中国的情况的认知也越来越深刻了。我慢慢找到了更多的自信，我想在未来我也能够沉淀下来，在支付或者在金融科技领域里，做一点能够对得起这个时代的事，做一点对中国文化有所贡献的事。

善读：企业家如何在阅读中精进成长

徐井宏
中关村龙门投资有限公司董事长

善读：企业家如何在阅读中精进成长

聚焦当下，
找到真正的力量

—

徐井宏 领读
《当下的力量》

　　阅读这本书对于你来说是一场发现之旅，在作者这位心灵导师的引导下，你会惊讶地发现，自己一直都处在大脑或思维的控制之下，自己生活在对时间的永恒焦虑中，而这阻碍了你摆脱内心的痛苦。但实际上，我们只能活在当下，活在此时此刻，所有一切都是在当下发生的，而过去和未来只是一个单纯的时间概念。只有向当下臣服，你才能找到真正的力量，才能找到平和与宁静之地的入口。在那里，我们能找到真正的欢乐，我们能拥抱真正的自我。

　　大家好，我是徐井宏，我要给大家分享的这本书叫作《当下的力量》。

我为什么要分享这本书呢？可以说这本书就像一把钥匙，可以开启我们心中那道生锈的锁，让被我们称为自然的、人性的光辉得以释放和闪耀。

书的作者叫埃克哈特·托利，是一个德国人。他曾在牛津大学就读，然后在剑桥做了研究员。

按他自己的说法，他在年轻的时候，一直处在一种焦虑不安的状态中，甚至时常会出现抑郁倾向。直到他 29 岁生日后的一个晚上，这种状态达到了极点。那天晚上，有一句话一直在他的脑海里重复，这句话就是：我再也不能忍受我自己了！当这句话在他的脑海里反复出现之后，突然间他的意识里有了一个奇怪的想法：我是一个人还是两个人？如果我不能忍受我自己，那么我的意识应该是两个人，一个是我，一个是自己。

他又想，其中一定只有一个是真实的，他被他的这种想法惊呆了。突然间，他的大脑完全停止了运转，他觉得自己被吸入一个能量的旋涡中，开始旋转，由快到慢，他陷入了深深的恐惧之中。

这个时候，他似乎听到了他胸口发出的一个声音：不要抗拒。他觉得自己被吸入了一个空洞，而这个空洞在他的体内而不是体外。他不再恐惧了，他的恐惧全然消失了，他任凭自己深深地陷入这个空洞之中。然后他说后面的事他就不记得了。在我们看来，他应该就是真正地进入了一个完全的深睡眠之中。

这个故事如果我们要用一个词来诠释它，应该叫作"顿悟"。

其实顿悟这件事也曾发生在很多人的身上。比如大家都知道阳明悟道。王阳明在贵州龙场躺在一个石头的棺材里很多天，突然有一刻他跳了起来，他说："我找到了！我找到了！圣人之道，吾性自足。"至此以"心即理、致良知、知行合一"三位一体的"阳明心学"才产生。

埃克哈特也是这样，这次顿悟便让他形成了他后来的学说，这便是呈现在我们面前的这本《当下的力量》。

01 找到并进入内在的平和

那这本书到底是讲什么的呢？一句话，这本书讲的是我们可以摆脱我们的痛苦，找到并进入内在的平和。这本书是 2004 年出版的。一出版就登上了《纽约时报》和亚马逊的畅销榜。2009年，该书由中信出版社引入国内。

说实话，这本书读起来非常晦涩，它的文字非常拗口，很难读懂。因此这里我也想提醒各位同学，在读这本书的时候一定要有耐心，要反复地读。我在读这本书的时候就在想这是不是翻译的问题？其实也不尽然。

书的审校者叫张德芬，她自己说她读的是原版，在她第一次读的时候也是觉得这本书写得云里雾里。直到很久以后，她才慢慢地领悟了，和这本书产生了共鸣。

全书共分为十章。我建议大家在读具体内容时，要反反复复地读前言，它是整本书的引导。我相信只要你能够认真读下去，一定会有收获。概括来讲，这本书的具体内容大概就是以下几个观点。

作者提出一个观点，这个观点就是有两个我。一个是我们真正的自己，他把它叫作本体，另一个是我们的大脑，也可以叫作思维。

作者认为，人类一切痛苦的根源都不在于我们本身，而在于我们的思维。当然他同时说思维其实也不是问题，重要的问题是我们被思维控制了，成了思维的奴隶，成了我们自己强迫性思维的受害者。

作者在一次演讲中假设了一个场景。他说在深夜三点，你躺在温暖的被窝里，但是你就是气得睡不着，而就在同一时刻，气你的那个人已经安然入睡，气你的那件事已经成为过去时。可是你的思维就是不放过你，你就是摆脱不了你的思维。那么是思维控制了你，还是你控制了思维？这将是决定一个人能否进入内在平和的决定性因素。

作者建议我们一定要想办法摆脱思维的控制，一定要进入一种新的状态，即超越思维，回归本体。

作者在论述这个观点之后，又提出了一个让我们觉得很难接受的观点。他说时间其实是不存在的。我们通常很难理解时间怎么会不存在，认为它都在啊！

作者说过去的都已经过去，未来的还没有来，你所能拥有的只有当下。大家看，"当下"就是在这个时候引出来了。他说生命就在此刻，你没有任何一个时候不是在当下的。

这听起来是不是很难理解、很拗口？在这里，作者为了让我们能够更好地认识到这一点，把时间概念分成了两个。一个叫作钟表时间，就是钟表给显示的昨天、今天、明天，或者是三点、四点、五点。他说，我们可以利用钟表的时间处理我们的日常事务。同时还有另一个时间，叫心理时间，就是你赋予你的思维的时间。

很多人的思维经常不是在此刻，不是在当下，而是在过去或者是在未来，作者觉得这没有任何意义，他认为我们一定要专注当下，一定要活在当下。"没有事情可以发生在过去，所有的事情都发生在当下。也没有事情可以发生在未来，所有的事情都发生在当下。"

遗憾的是，我们这个世界中有太多人都不断地让自己的思维控制自己，让自己生活在过去或者将来之中。一切的痛苦都是心理时间的积累，或者抗拒当下的结果。比如焦虑、担忧、困惑、恐惧等这些痛苦的来源，都是我们过多地关注未来，而不是活在当下。

再比如愧疚、后悔、怨恨等这些负面情绪，其产生原因也是我们过多地关注过去，而不是活在当下。书里给我们的观点就是，只有当下才有意义；只有当下才是我们可以采取行动的时候；只有当下才应该是我们去体验的时光。《当下的力量》讲的就是要活在当下，超越思维。

书中也给了一些让我们真正地活在当下，真正控制思维的方法。比如，怎么样从一个思考者转化成一个观察者，比如怎么样让意识和身体进行连接，比如怎么样进入"空"的状态。

在书的最后一章中，作者又提出了一个概念——臣服。这可能也是很多人都不能接受的。臣服这个概念，我个人觉得就是要去接受，要去容纳。

接受什么？容纳什么呢？接受当下，容纳当下，接受现实，容纳此刻所存在的一切。只有接受了、容纳了，然后我们再采取行动才可以改变它，才可以进一步走向美好。

我想给大家几个读这本书时的建议。

第一个建议是，如果词汇读起来很晦涩、很拗口，你不用非要去弄明白它们的意思，你顺着它读下去。书里出现的一些很难理解的词汇，比如本体、无意识、临在等，我觉得大家真的不用去抠它们的意思。抠这些词汇的意思是毫无意义的，真正地能够感悟到这本书的本质，真正产生共鸣，这才是重要的。当你反反复复地读这本书的时候，也许在某一刻你就会顿悟，你就会和它产生共鸣。

第二个建议是，大家一定不要认为思维是一件坏事。思维是人所具有的一个功能。重要的是，我要正确地思维，而不是错误地、消极地思维。大家记住这个词——正确地思维。当我们从不正确地思维转为正确地思维的时候，思维对我们人类、我们的幸福、我们的发展还是非常有益处的。

第三个建议就是，如果你能够结合一些我们中国的文化来读这本书，比如《道德经》《阳明心学》，可能会有一种别样的感悟。

02 从消极走向积极

当然，这本书在有这么多好的地方的同时，我也觉得还是有一点不足的。这本书更多描述的是如何摆脱痛苦，如何平和，而我觉得人还有一个更好的状态，就是从消极走向积极，以平和的心态，以积极的行动去面对每一天，走好未来之路。

我读完这本书也没有多久。我是在 2018 年偶尔逛书店时看到了这本书，就把它买下来了。买下来的原因很简单，它的第一页就在讲一件事——有两个我，我觉得这个特别有道理。

我从来不觉得我是一个成功的人，但是我觉得我一直是一个特别幸福的人。由于我觉得我很幸福，因此一直对我周围的人处于不幸福的状态感到非常疑惑。我不明白为什么他们会不幸福。比如很多人，可能比我有钱得多，比我地位高得多，但是他们也会处在很不幸福的状态里。

因为我非常热爱生活，所以我就觉得很多老百姓过得也很好。其中必定有一个原因，我自己也在找。

我们中国古话叫作三十而立，四十不惑，五十而知天命。大概是在 8 年前了，在我 50 岁的元旦，我想："哇！我竟然 50 岁了！我要知天命。"那什么是知天命呢？我就在我们家的沙发上坐了整整两小时。那时的我也可能就像这本书说的进入了冥想状态。

两小时之后，突然间我脑袋里涌现出一个知天命的定义，涌现出四个词。我把这个故事讲给过很多人听，我说知天命的我就要从 50 岁这一天把这四个词从我的身上逐步地减弱直至消除。

这四个词分别叫后悔、担忧、焦虑和纠结。

正像这本书所说的一样，我那个时候之所以有这样的感悟，我觉得是因为这四个词对我们的生命没有任何的意义。它们只有一个功能，就是折磨我们自己，还折磨那些爱我们的人们。

我在那个时候明白了一个道理，就是一个人要真正对他人负责，真正地爱他人，首先要让自己过好。从那之后，我也一直在感悟，我也在努力寻找一些答案。2018 年，其实我本人面临着一个变故，就是那个时候我决定辞去清华控股董事长的职务，换一个活法，进入一个全新的状态。

在那时，我也在想我未来再做一些什么。就是在那样的时候，我读了《道德经》，读了《阳明心学》，然后又看到了这本书。把它们结合在一起，其实给了我很大的一个鼓励和指引。这也是后来我又重新投入对创业者、对创新的热爱和支持中的原因。通过投资，我开始创建简约商业思维，和更多的创业者进行交流。

善读：企业家如何在阅读中精进成长

读书是非常有意义的一件事，也许一本书在某一刻、用某一句话就会打动你，会让你有新的感悟。我也建议各位在读书的时候要排除一个想法，就是"这个是对的，或者这个是不对的"。

比如这本书写得很有道理，但是你一定要照着书里写的做吗？不一定，不照着书里写的做你也可能很幸福。大部分人的思维中有 80% ~ 90% 的东西是没用的，这一点成立的前提是定义有用和没用。没用的东西可能就会令人自寻烦恼，自怨自艾，因此怨天尤人的东西我们就应努力地排除。

但是从另外一个角度来说，有些东西，比如思念，我们很难定义它是好是坏。思念可能带来痛苦，也能带来愉悦，也能带来美好。我觉得读书不要读死了，而要让书能够真正地和自己结合在一起。

我特别欣赏杨绛先生，她是我特别喜欢的一个学者。关于怎样读书，她说过一段话。她说："小的时候我以为要多读书才能了解生活，直到长大以后我才明白，如果不了解生活，根本读不懂书。"她说："读书的意义大概就是以生活所感去读书，再以读书所得去生活吧。"

多好！这个世界上存在着两种科学，一种叫自然科学，一种叫社会科学。自然科学基本上都要用定理、公式、试验进行验证。而社会科学到今天我也觉得是没有一个统一的答案的。因此我也建议大家多读书，在书中感悟。

图书有很多分类，比如有的书是拿来当做工具使用的，有的书是拿来娱乐的。当然，我们在娱乐的同时也会有感悟，比如在读小说、诗歌时，我们会产生美的享受；读一些哲学类的书会让我们得到某些启示。

生命其实很简单，不过是一个历程。

为什么人和人之间的生命质量会产生巨大的差异？就是因为同样的经历会带来不同的体验，同样的体验会带来不同的感悟。

很多企业正在面临很多新的困难，不少人会进入焦虑的状态。我们创业的本质是创造价值，尽心尽力去做就好。

在这个过程中，只要我们坚持下去，只要我们按照初心不断地向前走，就一定会在某一天走到理想中的彼岸。在这个过程中，有一件很重要的事情就是我们要控制好心态。

在读这本书之前，我就接触到一句话，你的欲望大于你的能力，那就等于痛苦、焦虑；但是如果你的能力大于你的欲望，那就等于平和、快乐。

如果要我通过这本书，给创业者们提出一点建议，那我的建议就是去锻炼自己，让自己有一个平和的心态，同时也一定要不断地磨炼自己，让自己的能力不断地提高，这样我相信，总有一天你会实现你的梦想。

总的来说，《当下的力量》这本书，会让你真正地摆脱痛苦，会让你对生命有一些新的体验。

善读：企业家如何在阅读中精进成长

当年在做启迪总裁的时候，我曾经给我的员工们定义了启迪的企业文化，"心存感激，脚踏实地，眼望未来"。我想这 12 个字可能和这本书的一部分也有异曲同工的地方。

我们其实在摆脱这些痛苦、进入平和之后，还要更加积极地行动，去创造未来，总有一天，我们会实现自己的梦想！

创业·玉汝于成

玉汝于成，非一日之功，乃曲终人未毕之技耳。

日拱一卒，功不唐捐。

——《南史·杨佺期传》

樊登
帆书（原樊登读书）创办人

善读：企业家如何在阅读中精进成长

从黑天鹅事件中获益

——

樊登 领读

《反脆弱》

　　《反脆弱》是美国著名思想家纳西姆·尼古拉斯·塔勒布继《黑天鹅》之后的又一力作。书中力陈不确定性是好的，既然黑天鹅事件无法避免，那我们就应想办法从中获益。本书是人们生活在不确定世界中的蓝图，也是人们面对随时可能出现的黑天鹅事件时的终极自保守则。樊登先生结合自己横跨传媒界、学术界和培训界的资深经验，旁征博引地解读了反脆弱的概念，强调反脆弱的核心是善于抓住不对称性交易的机会，思考如何把大量脆弱的商业模式进行反脆弱的转化。

　　我是"樊登读书"创办人樊登，我给各位读者推荐的书是《反脆弱》。

世界是脆弱的，天灾人祸、生老病死，时刻都在发生，而我们总是无能为力，现代化并不是世界脆弱局面的解药。《反脆弱》力陈面对随时可能出现的"黑天鹅"事件，只有提高自己的"反脆弱"能力，从不确定性中获益，才是终极自保守则。

01 什么是"反脆弱"

总裁们要学的最主要的方法是思维方式以及战略的制定，因此我选择了塔勒布的这本书，不读这本书去创业的人就相当于在裸奔，特别危险。

首先书名就令人费解。什么是反脆弱？没听说过这个词。你看，当我把一个玻璃杯摔在地上，它碎了，玻璃杯的性质是什么？脆弱。它的定义就是在不确定的事发生的时候你会受损。不确定的事就是"摔在地上"，这件事发生了你就会受损。

那么与之相反的能力是什么？叫作坚固，就是在不确定的事发生的时候保持不变。但是它并不是和脆弱相反的。跟它相反的是什么呢？是在不确定的事发生的时候变好。如果我们具备一种能力，在不确定的事发生的时候变好，我们就把这种能力定义为反脆弱。这就是塔勒布发明的一个词，英文叫 Antifragile。

什么是真正的反脆弱？比如，你小时候种过牛痘，你的身体其实就是反脆弱的。种牛痘实际上是一件糟糕的事，就是在你身上植入病毒，但是身体是富有生命力的，它可以把一件坏事变成一件好事，使人们今后不会再得某种疾病，这就是牛痘起到的作用。

　　为什么反脆弱在所有的商业思想中都非常重要呢？核心原因就是我们相信黑天鹅事件一定会发生。我们做企业都是这样，如果不出现大的意外，完成计划应该没有问题，一般来讲企业最有风险的时候，就是账上趴着一两亿元现金的时候。这时企业会扩建，建厂房，然后引进生产线，引进人才。做生意不就是应该多投入吗，增加固定资产吗？当我们做了这些以后，会发现自己变得越来越脆弱了。为什么脆弱呢？我们要养活一屋子人，要养活生产线，就必须源源不断地拥有订单。如果订单量出现下滑，甚至没有订单，公司可能一瞬间就会完蛋。但是你会想："按照历史数据不会呀，我们不是一直都挺好的吗？一路这么走上来，我预计，明年应该还能再增长 20%。"这时黑天鹅事件发生，海外订单全部没有了。由于我们建了那么多专业的厂房和生产线，只能生产一种东西，因此只要订单下滑，脆弱性就高。没有对应的订单，哪怕给我们一个别的订单，都救不了我们。因为厂房只能生产这个东西。当 2008 年金融危机来临的时候，最先倒闭的全都是广东、浙江、江苏、山东的生产制造型企业，它们将大幅资本投入在使自己变得越来越脆弱的那个方向上。但是反过来看，给它们提供订单的那些企业，比如耐克、阿迪达斯、优衣库，不存在任何问题，它们减少订单就能度过危机，毕竟它们没有那些让自己脆弱的固定资产，这是一个非常惨痛的教训。我们必须得理解怎样才能在黑天鹅事件发生后，依然活得很好。你要相信作为一个人也好，作为一个企业也好，黑天鹅事件一定会遇到。

02 非对称交易

古希腊的一个哲学家泰勒斯，是最早思考社会结构的哲学家。他的学生说："老师您教我们哲学，这哲学有用吗？能挣钱吗？"泰勒斯说："那我就挣钱给你看。"泰勒斯用了大概一年时间做到了古希腊的首富，然后柏拉图写书，在书里总结了泰勒斯为什么厉害。他说泰勒斯能够赚钱的原因是有知识，他夜观天象，预测到明年橄榄肯定丰收。于是他租下了整个希腊的橄榄榨汁机，因此所有的橄榄要榨油都要经过他，他成了希腊的首富。一个人靠夜观天象能够赚这么多钱太不靠谱了吧，万一看错了怎么办？事实上泰勒斯赚钱靠的根本不是夜观天象，泰勒斯靠的就是反脆弱的能力。

泰勒斯所用的方法叫作非对称交易，他估计明年橄榄可能会丰收，也可能不会丰收，但是无论丰收还是不丰收，古希腊最重要的产业其实就是橄榄油生产。因此他就拿了一小笔钱，到每个橄榄榨油机厂去交一笔定金，他说："你把机子定给我，万一明年我需要机子，你优先租给我，万一明年我不需要机子，定金归你，我不要了。"他这是在押宝，押明年应该橄榄丰收，但是如果橄榄不丰收，我所付出也不是所有租金，我只是付出了一小笔租金，因此这个交易是非对称的。如果产生了损失，我损失的就是这些定金。但是万一赚钱呢？我赚到的是很多钱，这就叫做非对称交易。

泰勒斯就用这样的方法，在一年时间之内成为古希腊的首富。因此对于我们每个人来讲，做企业的时候，首先应该想到的问题就是你所做的交易是不是一个非对称交易。

而事实上，我们生活中几乎没有对称交易。比如我们从小到大都被教育的一句话是"风险和收益成正比"。同意吗？如果风险和收益成正比，这个世界上是不会有有钱人的。因为 Y 等于 N 乘以 X，所以当一个人特别有钱的时候，他的风险一定很大，最后的结果应该回归均值，变成跟我们一样的人，这才是风险和收益成正比，而现实世界却不总是这样的。

03 麦当劳的交易模式

为什么开火锅店在我看来是脆弱的呢？开一家火锅店要不要装修？店面还要好看一点，不能在背街小巷里边，然后你还得雇很多人。一大堆事情搞得很好，就算你一天三次翻台，能赚的钱也有数，对吗？但是万一门口修路呢？赔起来没完。你的工人每天都要有工资，你每天都要养着他们，该交的水电费房租你全都得交，你发现赚钱的时间总是短暂的，赔钱的时间是无穷的，然后到最后店慢慢倒闭。事实上小规模创业，做一个小餐厅是最危险的一件事。

但是反过来想一下，麦当劳也是餐饮企业，那麦当劳为什么赚钱呢？难道它不符合上述情况吗？它也有店要装修，而且装修成本很高，为什么能够赚钱？麦当劳这个公司最重要的产品到底是什么？有人说麦当劳是卖汉堡的，有人说是卖薯条、可乐、玩具的。麦当劳是全世界最大的玩具零售商，一年卖四亿多个玩具。但是这些都不是麦当劳最重要的产品，麦当劳最重要的产品是它的店，它把店做成了一个标准化的产品。为什么说店是标准化的产品呢？我打印出来操作手册给你，这个操作手册的直接成本是什么？就是纸。你想做我的代理商，想开一家店，要先给我500万元，花500万元买这么一摞纸。你说麦当劳挣多少钱啊！然后买了这摞纸，你自己承担风险，你去装修、开店，我给你支持，支持的都是技术，是后台。然后你卖的每一个薯条、每一个汉堡、每一杯可乐我都要从中分钱，你成了麦当劳的提款机。

　　全世界的加盟商成了麦当劳源源不断的提款机。如果你门口修路，谁承担风险？你自己承担风险，麦当劳早就把钱挣回来了，光卖那摞纸它就挣了几百万元。他们用的这种卖知识产权的方法，就属于典型的反脆弱。

04 边际成本

　　我们在思考创业的时候，一定要想明白所做的东西是不是成本可控的、有限的，但收益是无穷的。哪种生意是这样的？樊登读书是吗？樊登读书的成本肯定是可控的，我录书就在家里自己录，花不了几个钱。然后做一个 App，做 App 要花点钱，但是也可以量入为出。一开始我们没有那么多钱的时候，也不做那么好的 App，就用公众号，因此它的成本一定是可控的。只要把 App 做起来了，服务 100 个人、1000 个人、10 000 个人是一样的。这个叫做边际成本为零。

什么叫边际成本？就是每增加一个用户所需要支付的成本。如果我们能够找到边际成本低的生意，会发现它们非常类似。百度在打造对话框的时候，看起来花了很多钱，需要雇很多的人在后台，但是一旦它把这套算法建立起来，剩下的就是每个字都能卖钱。《新华字典》里有的字我都可以卖给你，它的边际成本是很低的。

为什么有那么多的健身房老板跑路？因为开健身房本身是一个脆弱的生意。它本身并不是不赚钱，但和火锅店一样，他们亏在下一家店。这家店赚钱赚得很开心，但是只要我碰上不赚钱的那家店，就可能把前面的利润全部亏光。因为我最重要的成本是装修、设备，是开新店的钱，所以我们的生意变得非常脆弱，毕竟边际成本不是按人头算，是按店算。

那我们想想有没有办法能够扭转这件事？有没有办法能够让我们把脆弱的生意变成反脆弱的生意？麦当劳用的是知识产权，他们不卖汉堡，而是卖店。健身房可不可以？比如说手机上的 Keep 或者咕咚，它打造平台的成本有限，但可以服务上亿人，

从黑天鹅事件中获益

收入结构马上发生改变，这就是互联网带来的机会。因此我希望大家思考一下，对自己的生意能不能进行一些反脆弱的梳理。反观一些美国企业，不管是英特尔，还是漫威、迪士尼、麦当劳、IBM，所有的这些世界巨头企业，卖的全都是边际成本为零的东西。

漫威卖什么？它除了卖电影，还拿电影打造出了那些人物形象。你想在你的产品上印一个钢铁侠，交钱。他们只给你一张纸，允许你用钢铁侠的人物形象，你大部分钱都得给他们，你只能非常辛苦地赚一点钱，甚至很多企业让你连辛苦钱都赚不到。在今天中国经济需要高速发展的时候，我们所有的企业家都要思考这么一个问题，我们是不是需要提高自己的反脆弱能力。我们在考虑产品线的时候，能不能想到万一黑天鹅事件发生，自己是不是可以立于不败之地。

05 孔子的反脆弱性

为什么孔子是一个非常反脆弱的人呢？孔子有一句话："用之则行，舍之则藏。"什么叫"用之则行"呢？你要让我出来当官我就出来当官。孔子50岁出仕当官，愿意出来为国家做事。如果你不用我呢？没关系，我回家开开心心地读书、教书。

"邦有道则仕，邦无道卷而怀之可也。"你发现孔子进也挺好，退也挺好，邦有道也挺好，邦无道也挺好。这叫什么？杠铃式配置。当一个人给自己的人生设计出了一个杠铃式配置的结构时，你会发现他的反脆弱性很高。实际上你想想，孔子最后受益的时候国家好还是不好？孔子受益是因为国家不好。如果当年鲁国真的很好，孔子就完了，咱们就不会知道孔子，只会知道那是一个宰相，叫孔丘而已，他不会成为万世师表。

但正因春秋后期是乱世，鲁国也衰败，导致孔子没法当官，就回家成了万世师表，成为今天的孔子。你可以想想自己人生可不可以加入一些杠铃式配置？

有一本书叫《匠人精神》。你们觉得一个人一辈子秉持匠人精神，比如他非常喜欢做寿司，或者非常喜欢做木工，是脆弱的还是反脆弱？你会觉得这个人一辈子就会做木工，这还能叫做反脆弱吗？万一没人找他做木工怎么办？你注意，这是反脆弱的，反脆弱的一个至高境界叫作情怀。当我真的投入这件事情中的时候，我能够感受到这些事带给我的美感，如果我今天做的木工活能卖掉，那很好，我能赚点钱；如果卖不掉，它留着开心，我也高兴，因为我喜欢这件事，这叫作反脆弱。

06 生活的情怀

在一个人的生活当中，为什么情怀很重要？假如你活得没有情怀，你会非常痛苦。假如你生活的目的就是赚钱，你说："我必须进入福布斯排行榜前十名，进不去我就难受。"这时候你会发现自己非常痛苦。然后等你终于进入前十名了，你的目标又会变成第一名，等成为第一名后，你发现很多人很有钱就是不想上榜，又会非常生气。这样，你人生的整个维度是非常单一的，这样你就没有做到孔子讲的："君子不器。"这句话就是在告诉我们作为一个人，我们不能把自己当作一个物品。

　　器就是物品。比如我认为自己是一个会计，因此我对会计之外的事都不关心，没兴趣，我就是个会计。突然有一天人们发现人工智能比你算得好，人工智能能够很快替代会计，你怎么办？你什么办法都没有，因为你是个"东西"。但是假如你说："我是一个人，不是一个东西，作为一个人我会有多方面的情感、多方面的需求，而且我还在不断地学习、不断地进步。"士别三日当刮目相看，这个时候你发现自己的反脆弱性在不断提高。我们在生活中都见过有人就是因为缺乏情怀、理想这些看起来很虚的东西，而变得越来越脆弱，导致的结果是他们永远都在拿房子、车子、地位、排行榜衡量自己的人生。实际上，只要你稍微加入一点情怀在生活里，你就会发现生活很愉快。你既可以享受赚钱，也可以享受情怀，享受这些给社会做贡献所带来的美好感觉。

　　这本书里讲了特别多很有意思的悖论。比如，当我讲反脆弱的时候，你心中有没有觉得这跟你爸妈给你讲的东西不太一样？你爸妈都希望你找到一个最稳定的工作。我现在也算是总裁了，每次我回到家我爸就特别发愁，他说："我现在最发愁就是你。"为什么？他说我没工作，我爸认为我没有工作。我说我创造了那么多工作机会，我养活很多人，一个月发几百万元工资给我的员工，我爸说："那你评不了职称。"他是大学教授，他认为我这辈子最失败的点就在于我没有评上大学正式的职称。他认为，你在外头讲得再热闹都不行，你没职称。爸妈会认为一个人最容易追求的是确定性，每个月一定有 6000 元打到自己账上，这就确定了。你最近运气好，能挣到钱，过两年运气不好，你就完了，还得赔钱，我爸妈担心的都是这种事。

07 拥抱不确定性

事实上，我们在世界上愉快生活的最重要的一个前提就是学会拥抱不确定性。这个世界原本就是由不确定性构成的。关于这一点，有一个非常漂亮的隐喻叫布利丹之驴，是布利丹做的一个思想实验。

布利丹是个哲学家。他有一头驴又渴又饿，驴的左边放着一桶水，右边放着草料，它又渴又饿，又想喝水，又想吃草料。但是它犹豫了，它想自己要先喝水还是先吃草料呢？它特别难受，两边的东西都很重要，它都想要，最后它死了。这就是布利丹之驴的比喻。

这个驴需要的是什么？它需要的是一巴掌，只要有一个人给它朝任何一个方向拍一巴掌，它都会活下来。它可以先喝水再吃草料，或者先吃草料再喝水，但是它抗拒不确定性，因此死了。

当你抗拒不确定性的时候，没有人拍你一巴掌，导致的结果就是你站在原地等死。实际上，如果你能够拥抱不确定性，你知道人生就是在不确定当中幸福地生活，你的反脆弱性就会提高得越来越快。

我堂姐的儿子找工作时，堂姐问我的意见。她说我希望他能有一份稳定的工作，可以一直工作到退休。我说："孩子才18岁，你现在连他50岁的生活都设计好了。"她说："那不应该想办法让他稳定一点？"我问她："你稳定了一辈子，愉快吗？"她说："一点都不愉快，收入也不高，还焦虑，导致自己一辈子在不断抱怨。我也希望我的孩子过得轻松愉快。"我说："你现在给他安排这条道路轻松愉快吗？只是稳定，根本不是轻松愉快。稳定和轻松愉快是悖论。你必须学会拥抱不确定性，才能够打破人生设计的脆弱性，最后形成一个反脆弱的结构。"

反脆弱的能力是可以不断提高的，但是如果你什么都不会，你就没有什么可选项。孔子之所以能成为孔子，是因为他真的能成为大学者，会教书。因为我们没有做这方面的努力，所以我们根本没有这么强的能力。你会发现构筑反脆弱性也是很困难的一件事，我们必须先拥有反脆弱的思想，然后一步一步地提升反脆弱的能力。最后我们会发现，原本很脆弱的投资在后来变得不那么脆弱。

比如投一亿元拍一部电影，你们觉得这件事风险大吗？电影要是没成功，钱就没了，这笔投资就很脆弱，对于现在的我们尤其如此，但是对于索尼或者二十世纪福克斯来讲，这笔投资风险大吗？人家每年投 100 部这样的电影，只要其中任何一部能够爆发，就能赚钱。为什么同样一个动作在咱们这叫脆弱，在人家那就叫反脆弱呢？因为能力不一样，人家的能力在不断提高，这就是区别。

反脆弱是一个不断进阶、不断变化的过程。你千万不要觉得高额投入就一定是脆弱的，不是的。投入是跟你的能力相匹配的。你自己能控制得住，能在确定投资的时候明白就算发生了糟糕的事，你依然可以控制得住，依然可以从中获益，这就是反脆弱性的核心逻辑。

希望大家通过这本书能够活得更豁达一点，知道人生需要追求的是"君子不器"的境界，能够拥抱不确定性，通过智慧和努力，不断地增强我们的机体。我们，作为个人，作为家庭的一员，作为企业中的领导者，应当努力具备反脆弱的能力，从不确定性中获益。谢谢大家！

陈向东
高途创始人、董事长兼 CEO，新东方前执行总裁

善读：企业家如何在阅读中精进成长

赢在打造卓越团队

——

陈向东 领读

《赢》

在这本书中，作者杰克·韦尔奇结合亲身管理实践及大量鲜活的案例，将其在工作与生活中"赢"的智慧倾囊相授，本书内容涵盖从管理理念到管理实践的诸多方面。无论你是来自跨国公司，还是小型企业；无论你是生产线上的工人、刚毕业的大学生或工商管理学硕士（MBA），还是项目经理，或者是企业的高层领导者，只要你的胸中燃烧着奋斗激情，你都将从中受益。

我是"跟谁学"（现更名为"高途课堂"）的创始人陈向东，我和大家分享的书是《赢》。它是韦尔奇写的。韦尔奇被很多人认为是世界上最牛的一位 CEO，他在美国被评为美国当代的商业领袖。2006 年，我在澳大利亚考察时，发现了韦尔奇的第二本书——《赢》。我就非常忐忑、非常紧张地翻开了这本书，刚好某一页上的一句话，一下子就把我"电"到了，击中了我的内心。这句话是：在你成为领导者之前，成功的标准是你如何使得你自己成长，而当你成为领导者之后，成功的标准是你如何使得别人成长。

如果你将真正地做一番事情，如果你想在今天创建一家伟大的公司，如果你想使你的生命能够尽情绽放，那么你肯定需要有一个好的团队。而在这个好的团队中，你如果能成为领导者，如果你要去带兵打仗，你最需要的特质是，能够使得你身边的小伙伴们和你一起想去赢，让他们和你一起去追逐梦想，让他们和你一起去真正地成长。

有很多人都说："是的，我要成长；是的，我要绽放；是的，我的创业时代要让这个世界有我的烙印。"

我想，如果你想有自己的烙印，如果你想让这个世界因你而有所不同，非常重要的是你要找到一个好的团队，你要融入一个好的团队，你要真正地能够成为好的团队中的非常棒的一员。

那么如何打造一个非常好的团队呢？韦尔奇的这本书我读过几十次。我在第一次读这本书的时候，觉得自己学到很多，我迫不及待地把这本书推荐给身边的朋友。2010 年，我做了新东方的执行总裁，开始管理 3 万多人团队的时候，我又重新读了这本书，突然觉得："这本书我读过吗？我对这本书怎么会那么陌生？"

等我创办了"跟谁学"半年之后，我和团队里的小伙伴一起读的第一本书也是韦尔奇的《赢》。不怕你们笑话，等到我再一次读这本书的时候，我仍然觉得这本书对于我来说怎么那么陌生。

后来发现，我其实不是在读这本书，我是在寻求和这本书的作者对话，我是在通过这本书在和我过去的几十年的管理对话，通过这本书我在和自己对话。

韦尔奇在这本书中反复地强调，要想打造一个卓越的团队，需要掌握 6 个重点。

01 找到 A+ 人才

第一个重点是，你一定要找到 A+ 人才。A+ 人才就是善良的、阳光的、自驱的、自燃的、打赢过若干场胜仗的自信的人才。如果 A+ 人才善良、阳光，那么他就会为了梦想付出他的全部。如果一个 A+ 人才能真正地自驱自燃，那么当他发自内心想去干某件事情的时候，他的意愿就会爆棚，他就会真正地将心注入。当我们的 A+ 人才打赢过若干场胜仗的时候，他就会知道怎样组织兵力在下一场战役当中取得更大的胜利；当我们的 A+ 人才非常自信的时候，他就能够信任别人。

如果我们能够找到很多的 A+ 人才，那么我们就会知道，当和 A+ 人才共处的时候，我们是不需要呵护他们的自尊心的，他们每个人都会拥抱变化，每个人都会把自己当成一张白纸；当A+人才真正汇聚在一起的时候，他们会以彼此为标杆，以彼此为真正的依准，以彼此为基本的依托，从而让自己成为更加优秀的人；更加重要的是，当A+人才真正云集的时候，他们会成为榜样和标杆来吸引更多的A+人才不断加入。

今天阿里巴巴非常成功，我们永远别忘了阿里巴巴最初的"18个合伙人"；今天腾讯非常成功，别忘了腾讯最初的5个联合创始人；今天百度非常成功，别忘了百度背后的"七剑客"；今天我们在讨论"跟谁学"A轮融资5000万美元刷新了中国A轮融资最高纪录的时候，我想告诉大家的是，"跟谁学"有8个联合创始人，我们有很多的合作伙伴，在我们的共同努力下，才有了今天大家看到的"跟谁学"的宏大场景。

02 乐于分享

第二个重点是乐于分享。当一个团队的每一个人都能与别人分享的时候，他的背后是坦诚。在《赢》这本书的第二章里，作者说，如果一个团队有坦诚文化，它至少有三个重要价值。

第一个重要价值是坦诚，即是不是每一个人都会真心地分享。当每一个人都能够真心分享的时候，每个人就都能够信任彼此。第二个重要价值，是当每个人都坦诚的时候，可以鼓励更多的人进入对话，当更多的人都进入对话的时候，解决事情的速度就快了。当每个人都坦诚的时候，我们就能够节省成本，就会少开很多无聊的会议，就会推进很多的表决和议程。第三个重要价值是，当一个团队坦诚的时候，其为这个组织带来的自驱力和向上力会超越你的想象。一个好的团队如果能够让每个人都去分享，并且把这种好处说给每个人，即使是错误也会带来巨大的收获。

03 快速行动

第三个重点是快速行动。当我们有一个想法时，这个世界上至少有 1 万个人有同样的想法，有 1000 个人会行动，有 100 个人会往前走，可能有 10 个人能坚持到底。成功的人，就属于能快速行动并且能够坚持到底的人。有人说，如果你每天都能够快速行动一点点，坚持 100 天，其成效就能超越你的想象，如果你每天比别人快 0.1，你就成了 1.1。100 天之后，1.1 的 100 次方，就是 13 000 多。

换句话说，如果你每天比别人快 0.1。100 天之后你就是别人的 1.3 万多倍。

如果我们想打造一家伟大的公司，想构建一个伟大的团队，那么其实我们最大的出发的原点是，我们能不能更快一点，我们

赢在打造卓越团队

能不能更快地把我们的想法变成方案，我们能不能更快地把我们的方案变成可落地的打法，我们能不能快速地让这些打法通过层层分解，快速起作用。

有一句名言："你的成败的 90% 源自于你的执行。"如果你有一个绝妙的想法，却没有执行，那么其价值为零。一个绝妙的想法只有加上卓越执行才能够价值千万、上亿。任何伟大公司的创业出发点，不都是一个想法吗？而这个想法能够迅速落地，迅速地召集团队，迅速地构建一个具体的文化场景，而最终能够成就一个团队的未来。

在构建"跟谁学"团队的过程当中，我发现一个最大的秘诀就是，要使自己的决策做得更快一点。

为什么创业公司的决策会更快？因为大公司要开不同的会议，要有不同的委员会，而在创业公司，人们互相拍个肩膀，遛个弯，晚上吃个烧烤，所有的决策协议就都达成了。因此如果你真正的梦想是做番大事情，不妨先想象自己要立足于当下的某件小事情，而这件小事情就是，你每天的决策能不能做得再快一点。

04 感染他人

第四个重点是感染他人。感染他人的实质内核就是要成为榜样。记住，榜样不是领导团队的最好方法，而是唯一方法。当你

善读：企业家如何在阅读中精进成长

能够成为榜样的时候，你的身后就会有真正的追随者，当你成为真正的榜样的时候，你才会有真正的魅力！

当你成为真正的榜样的时候，当你真正成为能够感染他人的人物的时候，其实你的精神将成为你的外在的和内在的力量的重要寄托！在我做总裁、副总裁的那么多年中，包括现在，如果我出差，我 90% 会选择坐最早班的飞机。

我会早上五点多起床，坐七八点的飞机。而当我每天早上起得非常早时，其实在内在里我感动了自己。当我能够坐上在这个城市降落的第一架航班的时候，我想我在感染那个城市里我的小伙伴，当我能够每次准时出席活动、完成任务的时候，其实我在内心拥有强大的自信的同时，也在对我身边的小伙伴说："其实我们每个人都可以做得更好。"

那么如何能够做到感染他人？我想其实只要做到一件事就够了，你让别人做到的事，你自己也能够做到。你让别人做好的事，你能够做得更好。

在那么多年的职场生涯当中，我发现，如果一个团队的"老大"自己本身能够成为榜样，能够说到做到，那么其实公司员工都会把他作为榜样鼓励自己上进、上升，并以其为标杆，打造让他们自己感到愉悦的一条基本赛道。

05 不要把自己当成受害者

第五个重点是永远不要把自己当成受害者。根据历史经验，任何一个企业要变得伟大，至少要经过两次重大的危机。随着我自己不断打拼，特别是在自己创办"跟谁学"后，我越发懂得在创业的道路上，在自己挑战自我的道路上，在要把自己更好的一面真正激发出来的道路上，我会面临很多的挑战，我会犯很多错误，而在面对这些挑战、错误的时候，心态直接决定了自己在他人心目中的印象，直接决定了我的关键合伙人是谁。而以上这些给小伙伴留下的印象，直接决定了公司的员工如何面对客户。

真正的挑战发生的时候，实际上并不可怕；可怕的是，当挑战发生的时候，你觉得自己很委屈，然后把自己当成受害者。如果"老大"认为各种问题的发生都是因为别人的错，认为自己是这些糟糕的事情的受害者，"老大"就会骂"老二"，"老二"就会骂"老三"……这样传递下去，"老三"就会骂下面的主管，主管就会骂下面的员工，当每个人都在骂别人的时候，就都在推卸责任，都在抱怨。当每个人都在抱怨的时候，问题永远在；当每个人都在抱怨的时候，问题仍然在发酵；当每个人都在抱怨的时候，这些问题就会成为新问题的更加重要的来源。于是，当公司里都是问题的时候，这家公司可能也就崩盘了！

如果你想真正地去带一个好的团队，就要明白，出了问题，99%都是一把手的错，当一把手来担责的时候，他的手下的每个

善读：企业家如何在阅读中精进成长

人都会去担责，当一把手推责的时候，他的手下的人都会推责。

如果要打造一个卓越的团队，那么你要想的是："我作为一把手，如何能够承担责任？我如何能够去主动认错？我怎么能够去从错误中学习？我怎么能够去复盘？我怎么能够去让我们的团队从这些错误和教训当中来提升经验和智慧？"

在真正的创业当中，在真正的发展当中，你总要去鼓励人犯错，如果他不犯错，就说明他停留在原地，就说明他在因循守旧，就说明他就没有真正地拥抱变化。而你能够鼓励他人犯错，能够容忍他人犯错的最重要的一个原点，就是你自己面对错误的时候能够有担当！

06 保持乐观

第六个重点是保持乐观。在现实世界当中，我们往往会高估我们在 1 年之内取得的成绩，同时我们往往也会低估我们坚持 10 年能够取得的成就。我们做某件事情，1 年之后都想真正达到一个高度，如果到了 1 年，发现自己好像没有达到理想状态，我们就可能放弃。

而恰恰是在我们放弃的时候，那些为了自己梦想往前奔跑的人，他们坚守了他们做的事情，最终成功了。今天阿里巴巴非常牛。其实阿里巴巴从 1996 年就开始探索了。俞敏洪从 1991 年开始创办学校，如今已经坚持 30 多年了。而我想问你，你在你梦想的道路上坚持了多长时间?

我经常对创业者说:"做一两年,你的身边都是对手,做三四年,你的身边有几十个对手,而做 5 年、6 年、8 年,你的身边将没有对手。而在以往自己的一路奔波中,在让自己没有对手的过程中,你突然发现原来最大的对手居然是你自己。"

而你自己究竟是悲观还是乐观,你自己究竟是内心阳光还是内心阴暗,你究竟是信任他人还是疑心重重,你究竟是能够把你的生命托付给这个时代,还是你想从这个时代当中索取更多?

不同的世界观、不同的心理状态,都决定着未来你会成为什么样的人物,决定着未来你有什么样的团队,决定着未来你与什么样的公司一起。

如果想真正地做件伟大的事情,我的秘诀只有一个,那就是保持乐观。有一个老太太,她有两个儿子,一个儿子是卖伞的,一个儿子是卖鞋的。下雨的时候,老太太就郁闷地说:"你看,我的孩子卖不出去鞋了。"

阳光灿烂的时候她又很郁闷,说:"你看,我们家孩子的伞好像也不好卖了。"但是如果换个思维方式,说:"下雨的时候我卖伞的儿子生意很好,等到阳光灿烂的时候,我卖鞋的儿子生意很好",那么这个老太太不就处于一种每天都开心的状态吗?

我想,其实读书不是在消磨你的时光,而是你这一辈子中最大的机会成本。一本好书能让你的思想变得更加睿智,一本好书

善读:企业家如何在阅读中精进成长

能让你在前行的道路上找到更多可以交往的朋友，一本好书能让你知道在职场中应该怎样发展，一本好书能让你知道如何面对内心的挫败，一本好书能让你知道，在这个世界上，还有很多美好等待着你去发现。

在打造卓越团队的过程中，如果你能够找到非常棒的人才，让他们坦诚分享，让他们每个人都能够快速行动，让他们每个人都成为榜样并感染他人，让他们每个人都主动担责，不把自己当成受害者，让他们每一个人都保持乐观，我相信你的团队已经组建得不错了。而如果你能够作为"老大"，带领每个人进入以上状态，让每一个人都能够真正地保持最好的状态，快速地做出决策，那么你会发现，你能更加快速地分享文化，使得更多优秀人才受到鼓舞，于是当优秀人才越来越多地融入这家公司的时候，你说你做的事儿还能不成功吗？

请记住打造卓越团队六大法则。

韦尔奇的《赢》这本书，我读过好多次了，每次翻阅，我内心都会有不同的触动。我在想象我在和韦尔奇对话，我在感受他在做这些判断的背后，他在带兵打仗的背后，他在做这些文字梳理的背后，所做的各种各样的复盘，以及他在写这本书的过程中对美好世界的美好的期许。

我想今天我们之所以倡导读书，是因为我们希望能够读到一本真正的好书，能够让我们自己达到更佳的状态，能够让我们的团队达到更佳的状态，能够让我们的公司达到更佳的状态。

当我们每个人都能够成为更好的自己的时候，我想这就是我们每一个人自己的"赢"；当我们团队能够超越我们的期待，而去真正服务更多客户的时候，我想这就是我们团队的"赢"；当我们这家公司得到整个社会的赞许，真正让这个世界更加美好的时候，我想这就是我们公司的"赢"！

善读：企业家如何在阅读中精进成长

秦朔
著名媒体人，人文财经观察家

善读：企业家如何在阅读中精进成长

学习型组织思想和行动对策

——

秦朔 领读

《第五项修炼》

　　《第五项修炼》介绍了公司如何通过采用学习型组织的战略和行动对策，来排除对组织效率提升和事业成功的"学习障碍"。该书被誉为 21 世纪的管理圣经、20 世纪屈指可数的管理经典之一、世界上影响最深远的管理书籍之一，并被《哈佛商业评论》评为过去 75 年最具影响力的管理类图书之一，还荣获世界企业学会的最高荣誉开拓者奖。它的作者彼得·圣吉教授曾经被认为是继 20 世纪最伟大的管理学大师德鲁克之后的又一位非常杰出的管理学学者。他已经 70 多岁了，对于很多问题的思考和认识已经达到了"随心所欲而不逾矩"的境界。

我是秦朔。我向大家推荐和介绍的这本书叫《第五项修炼》，它的作者叫彼得·圣吉。下面我先简单地对这本书进行一下导读。在这本书里，作者在一开始指出了人类面临的很多问题，以及组织面临的滞涨等问题，之后他给出了自己的一些答案。

01 自我超越

第一个答案叫自我超越。我们每一个人在一个组织中，能够为自己的最高愿望而活，能够为自己真心向往的生活方式而工作，这是自我超越最重要的方向。

彼得·圣吉认为，组织的成长基于个人的成长，而个人的成长基于个人真心向往的那个东西。

现在，很多企业组织里的新成员、新声音和不同的意见，是没有生长环境的。

许多公司很大、很强，但是其中的一个基层员工，可能除了在某些重大会议上或在等电梯时能看见公司领导，在其他时刻根本就看不见公司领导。这种情况就说明公司的层级问题是非常严重的。我们会看到，有一些优秀的公司会创造出一种很特别的场景，让组织里最基层员工有机会展示自己。当年阿里巴巴在美国上市敲钟时，就请了一些网店店主亲临现场。

顺丰控股在深圳证券交易所重组更名上市的时候，请了一名当年与其发生摩擦的快递小哥一同敲钟，而敲钟的一共只有 5 个

善读：企业家如何在阅读中精进成长

人。那么，他们创造这类场景的目的是什么？其实是要表明，在组织中，每个人都是得到尊重的，每个人都被当成完全平等的一员，是得到关怀的。想要自我超越，在一个组织中就一定要创造这样一种环境：让新的声音和不同的声音能够被听到，让提出不同意见的人能够得到包容，这样大家才能真实地在这个组织中释放自我。

我觉得这是一个关于自我超越的问题。而在自我超越的过程中，人们一定希望自己发自内心地解决一些根本性问题：自己为什么要在这里？这个组织有自己或没有自己会有哪一点不同？这些根本性问题，现在大量的组织是不愿意去进行深入探讨的，就好像员工在被赋予了这样的能量后，就都会"插翅而飞"。现在很多公司领导宁愿看到每天晚上办公室灯火通明，以为员工都在加班，也不愿意更早下班，因为他们觉得员工要通过这种方式证明自己在这里。事实上，员工的心在这里吗？可能并不在。

02 心智模式

心智模式是什么？就是我们怎样看待一个世界，怎样在关系中看待对方、看待彼此。

其实在我们的内心里，是有一个预设的框架的，这个框架是我们看问题的一个特殊角度。这个角度包含了我们的信念、我们习以为常的思考方法，以及我们的立场，而这个立场和我们以前的经验也是高度关联的。

比如腾讯最早是 5 个人创办的。马化腾在创业的过程中非常清晰地意识到，要有一个好的领导团队来代替个人领导。这是腾讯的模式，从一开始就找 5 个人，他们成为一个"拳头"，每个人做自己擅长的事情。

我觉得这背后有一个模式。人对自己有一种谦卑，也对自己有一种节制，然后他就会把整个组织的力量放在个人的控制欲之上，因此这样的公司就很容易获得成长。我的同学吴晓波写了一本书叫作《腾讯传》，腾讯的延伸与开拓实际上与其组织基因是相关的。

心智模式的不同，最后会使得整个公司的架构、战略和格局都大有不同。

从这个意义上讲，一个公司的创始人的心智模式，决定了公司能够走多远。公司的天花板不一定是其创始人能力的天花板，但一定是其心智模式的天花板。你的能力不一定很强，但是你可以通过引进新的人才来实现理想。如果你在心智模式上就觉得"这个公司就是我的，我永远要控制它，别人都是我的工具"，那么这样的公司没有前途。

03 团队学习

壳牌公司当年通过战略企划部，让公司各部门以及地区性公司的高层用情境学习法对未来做各种各样的推演。它要实现团队打天下，让不同角度的人一起贡献想法。团队学习是比个人学习更重要的一种学习方法。我们看到，很多在今天做得比较好的公司，往往在一年中都会用各种各样的方法来创造团队建设的机会，比如开展内部的批评会和深度沟通会，而且有时还会请咨询公司来带动每个人参与关于组织远景的讨论，其实这些就是团队学习。

04 共同愿景

团队学习究竟要解决什么样的问题呢？这本书里讲到，要解决共同愿景的问题。团队学习，最终要让整个组织找到既能够把每个人的努力和奉献包含其中，又建立在每个人的个人目标之上的共同愿景。一个共同愿景，就好比一个公式："I + We = Fully I。"一个个体，只有加上一个"我们"这样一个整体，才能成为一个更加彻底、更加完整的"大我"。

共同愿景又有很多的层次。其实，很多公司往往会把目标和共同愿景混淆。目标往往是一些短期的考核指标，它会让人觉得公司和自己的关系都是由关键绩效指标（KPI）组成的，都是很冷血的。

学习型组织思想和行动对策

KPI 当然很重要。而关于"我为什么要完成这样的 KPI""这个 KPI 背后有哪些东西能够激发我内心的动力""往哪个方向去走",对这一类共同愿景的探讨反而比较少。

共同愿景真正的核心并不是财务数字,而是让社会、让外部世界因为自己的存在而拥有一些正面的、长久的价值。具体到阿里巴巴,这个价值就是让天下没有难做的生意。我觉得对共同愿景的打造能让整个组织共同努力,保持一种长期激励的精神上的方向。

05 系统思考

今天的世界、今天的环境、今天的组织往往都被我们简单化的思维割断了,变成了静态的,而事实上它们应该是一个整体,是动态的。

这种线性、片段、局部的简单化思维,会使得整个组织乃至我们所处的整个环境出现许许多多的问题。而对于这些问题,我相信我们每一个人在日常生活中已经完全习以为常了。

类似问题的本质,要追溯到系统思考。我们解决一件事情的时候,往往会很头疼、很痛苦、很艰难。如果我们能进行系统思考——通俗地说,我们有底层大数据,我们的很多应用都基于底层大数据,而且数据之间有大量的通约性——我们解决问题时就能"一箭双雕"。

在生活中，很多事情明明可以很简单、很流畅地解决，但因其被分割了而无法解决。事实上，在一个公司里，职能部门、业务部门、地方的各个分公司，每天也都会为这样的事情打架。从技术上说，避免分歧可能都已经不是问题了；但在现实生活中，有大量类似问题不断出现。如果我们借助彼得·圣吉教授的观点来看，之所以出现这样的问题，就是因为我们没有整体，没有把整体放在一个更加重要的立场上，我们最后还是回归到了条，回归到了块，回归到了部门，回归到了某个时刻的 KPI，我们认为只要把 KPI 完成了就没问题了。从这个意义上讲，彼得·圣吉的系统思考特别重要。

最后，我觉得作者创造了很多工具，在组织内部结合很多商业案例做了分析，让你能够打破自己习以为常的条块分割思维，从而建构一种整体性的解决方案。

最后我想和你分享一下，我觉得这本书其实对于我们的组织、对于我们生活的方方面面都是非常有意义的。

这本书中还提到了家庭，它对一个家庭里的夫妻之间、家长和孩子之间、家长和父辈之间的关系，以及整个家庭怎样能够通过系统思考、深度对话和提出自己的假设来解决很多问题，给出了很多思考。

我记得我在 20 世纪 90 年代中期读这本书的时候，写了一篇书评，我提到，这本书当时带给我的一个很有意思的触动。其中讲到，很多组织在解决一个问题时，其实往往制造了更大的问题，换言之，今天的问题来自昨天的解。你以为用那种方法解决了问题，其实没有，你只是让这个问题发展了。

我举一个很小的例子。比如，很多的家庭中往往会出现一个问题，俗话叫"贫贱夫妻百事哀"——很多家庭的矛盾事实上来自经济问题。

可是，在讨论生活中的问题的时候，我们往往不去触及经济问题，而通常会把它当成感情的问题："你对我到底好不好？你对我到底怎么样？"那么，很多家庭最后怎么解决家庭里面突然出现的很多矛盾呢？他们用的方法是什么？——"我们可以更加相信彼此，我们可以更加浪漫，我们可以更加热情。"此时此刻，就会出现这样一个场景：我们交流完，热闹一番之后，以为家庭的问题就解决了，其实并没有。

而按照学习型组织的思维，这时我们要找到真正的因。如果我们找到这个因，其实很多问题最后是与经济问题相关的。这个时候讨论的核心是，我们怎样能够在解决经济问题的过程中相互帮助、相互支持，或者以一方为主，另一方更多地提供支持。

我接触过中国的很多创业型企业，有人告诉我，原来感情很差的夫妻，通过创业，反而感情变好，沟通也顺畅多了，因此两个人就把很多问题都解决掉了。

这个例子对我们的启发就是，我们即使找到了一个问题的答案，这个答案也很可能并不是一个真正正确的答案；因此，我们

善读：企业家如何在阅读中精进成长

要解决一个问题，就需要回到它的本源，真正地摊开内心，找到难点背后的真正动因，然后从动因出发，经由一整套的方法和技术，一点点地解决难点，而不要带出新的问题。

希望这本书能够对我们每一个人的工作、生活、家庭等方方面面都有所帮助。

何帆
经济学者，上海交通大学中国发展研究院院长

善读：企业家如何在阅读中精进成长

心有多远，
就可以走多远

——

何帆 领读
《世界是平的》

　　《世界是平的》揭开了笼罩在这个世界上的神秘面纱，深入浅出地讲述了复杂的外交政策和经济问题，为读者们释疑解惑。我为你介绍的《世界是平的》，这本书在十年前是我们认识全球化的入门读物，同时，我还会为你介绍它的姊妹篇，就是托马斯·弗里德曼新近出版的《谢谢你迟到》，你可以对照着读。你可能会有一种魔幻般的感觉，你会意识到，在这十年中，我们经历的时代发生了多么重大的变化。读其中一本书，你可能会感到很震惊，而在读过这两本书之后，你大概就会有一种历史感了，而且是你身边的历史感。你会对这个世界有更深入的了解。希望这两本书能为你带来一种全新的感受。

我是何帆，我向你推荐的书是《世界是平的》。

《世界是平的》中文版最初是在 2006 年左右出版的，到现在它已经算是一本"老书"了，但它仍然是很多中国企业家了解全球化的一本入门读物。

01 名称由来

为什么这本书叫《世界是平的》？我们知道地球是圆的，那世界是怎么变平的？英语中有一个表述叫"level playing field"（公平竞争环境），就是在足球比赛之前，人们先要干的一件事情：把这个足球场上的草坪弄平，否则如果一边是平的，另一边是坑坑洼洼的，竞争就不公平了。

所谓"世界是平的"，托马斯·弗里德曼的意思是，随着经济全球化的进程，现在世界竞争的平台已经被夷为平地。在过去，如果你想在全球市场上脱颖而出，你得生活在一个大国或一个发达国家，你得在一个大的跨国公司里工作，这样你才能站得高，看得远。

弗里德曼认为，现在已经不需要这样了，现在哪怕是一个小企业，哪怕在很偏僻的地方，只要你能够搭上全球化这趟列车，那么，心有多远，你就可以走多远。

02 世界工厂

为什么全球化能够改变我们现在这个世界的经济状况呢？弗里德曼说，主要的原因是 10 辆"推土车"把世界市场给推平了。

现在来看，这 10 辆"推土车"我们已经司空见惯了。第一辆"推土车"是 Windows 操作系统，它方便了人机对话，各种各样的工作软件因此出现，这些工作软件最后又统一出现在一个平台上，于是大家既可以上传资料，又能够进行搜索，像百度这样的搜索引擎公司就出现了。

然后，它影响了我们的生产，包括我们的制造业和服务业。我们的制造业出现了离岸生产。原来我们生产一个产品，基本上从原材料到最终产品都在一个地方生产。最早的时候，美国钢铁公司就在矿山生产产品。现在你很少发现能够这样把所有的生产环节都放在一个地方的工厂了，现在的工厂基本上都在不同的地方生产不同的零部件。

你去买一台笔记本电脑，它的芯片可能是在美国生产的，主板可能是在日本生产的，显示器可能是在越南生产的，然后组装可能在中国进行的。

像我们的孩子玩的乐高积木一样，现在的工厂采用的是拼装式的生产方式。这个其实对我国参与经济全球化进程有非常大的影响，在原来国际分工的情况下中国没有那么多的机会，但原来中国是一个劳动密集型产业比较集中的国家，生产劳动密集型产

心有多远，就可以走多远

品，比如裤子、玩具等，然后去换更多的资金密集型、技术密集型产品，比如飞机。现在我们无须这样做了，现在不论是飞机还是高科技产品，也包括鞋子、袜子这样的低端产品，所有产品至少会有一个生产环节属于劳动密集型产业，那就可以放在中国。只要敢把这个环节放到中国来，中国的企业家马上就能占领这一块"根据地"，之后马上就向两边发展。

我国之所以用这么短的时间就能实现工业化，就是因为经济全球化带来了变化。另外，可能对印度的影响比较大的就是外包产业，企业现在可以把服务业中的环节也放在不同的国家或地区。

这样，全球经济就全变了，因此作者讲到，不论是我们个人，还是我们的公司和企业，都要做出相应的调整。

03 个人的影响

对我们个人来讲，经济全球化最大的影响是什么呢？我们的机会变得更多了，我们的挑战也变得更大了，我们现在必须在全球市场中竞争，我们要和美国人、印度人、欧洲人竞争。

如果你能够在全球市场上站得住，你的舞台会非常广阔，但是如果你还像原来一样，比如只做一个小池塘里的大鱼，那么对不起，现在这个池塘已经通向大海了，你不愿意过去也得过去；你会被冲到大海里，你会发现大海里有鲨鱼，有鲸，你不得不和这些庞然大物竞争。

我们现在都在担心人工智能取代人类，这本书里其实很早就有预言。作者认为有的工作是很难被取代的。如果你能够进行"混搭"，你能够兼通文理科，你会讲故事，你除了懂技术还懂把技术介绍给普通人，让别人理解技术里的人文含义，那你就可以生存下来。你要在各个不同的专业之间跨界。

不过，你必须有一个专业，但是你不能只有一个专业——学了一门技能就能够终身受用的时代也已经一去不复返了。

在这本书里，作者说，我们要把自己变成瑞士军刀型人才。瑞士军刀有很多功能，打开之后，它既是一把刀子，也是一把很好用的起子，它还可以当改锥用，当小锯子用，当剪刀用……它的任何一个功能都是非常优秀的。如果你是瑞士军刀型人才，就意味着你在几个不同的领域中都能达到专业水平。

书中有一个比喻：在非洲的大草原上有狮子，也有羚羊，羚羊必须跑得越来越快才不会被狮子吃掉，狮子也必须跑得越来越快才能逮到猎物。现在的全球竞争就是这样的情况。

企业应该如何应对这样的局势呢？企业应该尽量想清楚自己如何能够搭上经济全球化的列车。现在中国有很多做得非常好的企业。我们到江浙一带、广东去做调研，经常会遇到一些企业家，只看名字我们可能不认识他，因为他们的企业不在世界500强的名单里，他们也没有出现在福布斯的排行榜里，而我们再看这个企业，也不知道这个企业的名字。比如我们问："你的企业是做什么的？"对方说："小本生意，做电冰箱上的一个零部件。"我们再问："你做得怎么样？"他说："不怎么样，也就占全球市场的 90%。"

这个企业虽然不是世界 500 强，但是世界 500 强都要用它的产品，那你说它是不是一个优秀的企业？这样的"隐形冠军"为什么能够出现呢？就是因为世界变平了。

作者讲到，如果你是个大企业，你就必须学会当一个小企业，意思就是你不能像过去一样居高临下了，而要像零售店一样，能够更好地贴近你的客户。如果你是个小企业，你应该有雄心，只要能够加入全球分工的链条，就能够获得更大的机会。

只要你能够与经济全球化接轨，你就会发现，你的潜力非常大。

04 番外：《谢谢你迟到》

讲完《世界是平的》中的主要观点，夸奖完书中的很多精彩内容，我还要再补充一下。这本书已经变成一本"老书"了。起初，当作者写这本书的时候，我们现在非常熟悉的很多东西在当时根本还不存在。那时我们还不知道什么叫微信，更没有红包抢；那时，如果你谈到云，别人会以为你在谈论天气。也就是在过去十年中，又出现了非常大的变化，因此，10 年之后弗里德曼又写了一本书，叫《谢谢你迟到》。

在《谢谢你迟到》中，弗里德曼进一步跟踪了技术的变化和全球化的变化，他认为，有三个"M"改变了我们现在的世界，第一个"M"就是全球市场（Market），指的是经济全球化。第二个"M"是摩尔定律（Moore's Law），就是技术变化，每18到24个月左右，芯片的运算能力就会翻一番。到现在已经过了60多年了，摩尔定律大体上还能够成立，这说明技术的进步呈指数级增长。第三个"M"就是我们的大自然（Mother Nature）现在出现了变化，全球的问题、全球变暖、环境的变化这三个因素加起来，改变了我们现在的世界。

书名为什么叫《谢谢你迟到》呢？弗里德曼原来每天的工作都非常忙，吃早餐时还要邀请一位嘉宾和他一起完成采访。因为他住在华盛顿，华盛顿容易堵车，经常有嘉宾迟到，而嘉宾一迟到就要先说对不起，然后弗里德曼发现，在别人迟到的这段时间里，他可以难得地静下心来想一想，为什么这个世界会变化得如此之快，自己能够如何更好地调整人生规划。因此后来他就会对嘉宾说："不用道歉，谢谢你迟到。"

全球化发展到现在，我们也应该停下来对它说"谢谢你迟到"，然后想一想，以后该如何去做。现在的全球化和十年前的全球化已经很不一样了，这10年间发生了一个非常重大的变化，就是出现了2007年、2008年的全球金融危机，因此现在在全球范围内看，还有很多反对全球化的声音。尽管中国如今还在敞开怀抱、拥抱全球化，但是在别的地方，有很多人已经开始说：

"对不起，请你停车，我要下车，我要从全球化这列列车上下来，因为我赶不上了。"这为中国进一步加入全球市场带来了更大的挑战。我国的能力越来越强，我们能够出口的产品越来越多，但别人会把大门关上。这样的思想变化，是我们不得不去重视的。我推荐你读一读《世界是平的》，也推荐你接着读一下《谢谢你迟到》，相信你会对这个世界有更多的了解。

05 不同的观点

书里也有一些观点我是不太赞成的，弗里德曼是一个彻头彻尾的乐观主义者，因此他看很多问题时是非常乐观的。有时候他的乐观会给我们带来鼓励，但有时候可能会带来误判。

这个世界中有各种各样的力量。其中技术的力量、经济全球化的力量和市场的力量，正在把这个世界变得越来越平，但是也有很多其他力量，仍然在让这个世界变得像过去一样崎岖不平。

因此，我们还是要在心里更清醒地认识到，哪些力量可能会变化得更快，哪些力量很可能会变化得更慢。把快变力量和慢变力量都掌握好，我们才能有更高的视野，才能看清楚自己在不断变化的世界中正处在什么位置，这个世界会去向哪里，而自己能不能在浪潮到来之前判断趋势，做好准备。

前文讲到，弗里德曼在《谢谢你迟到》中主要说到 3 个"M"改变了我们现在的世界。这一观点和他在《世界是平的》

中的观点是一脉相承的，而且他进行了升级。

在《世界是平的》这本书中，他还在说，互联网最大的贡献就是大家可以上传照片，可以把照片发到朋友圈里，大家可以聚拢起来，然后完成像维基百科这样的宏大的工程。你可能会发现维基百科这样一个靠普通读者共同编出来的"百科全书"和由一群专家编出来的《大英百科全书》在全书错误率上差别不太大，这就是群众的力量。而现在，互联网的发展已经到了下半场，它的力量比上半场互联网的力量更加强大。

在他写这本书的时候，还没有出现所谓的"云计算"。其实"云"的概念出现得非常早，但云的大规模应用并改变我们的生活的情况，在过去 10 年中才出现。

云带来的变化是什么呢？我们现在已经可以精准地把握每个人的行为，产生了很多新的商业模式。现在的大数据能够精准地预测我们每个人的行为，但是它仍然预测不了历史进程的大变化。你现在通过各种各样的智能设备把自己的信息上传到互联网上时，包括你人在什么地方、你的身体状况，你所有的信息都会在云里面。有了这样的信息，人们就可以准确判断你的需求是什么，这就改变了经济学中原来的很多"天经地义"的原理。

在过去的经济学中，价格是一种提示，消费者会比较，会去找价格便宜的商店，所有的消费者最后可能都会去一个商店。你的产品的价格如果比别人的高，最后你产品的市场份额就会被别人挤占。现在的互联网可以预测你的需求，然后为你量身定制产

　　　　　　心有多远，就可以走多远

品，企业服务态度非常好。不过，当你突然发现这些企业的服务态度好到让你吃惊时，你要明白，这可能意味着你的用户价值已经快被他们消耗完了。

同时，互联网的发展改变了很多传统的企业。很多原来和互联网不相关的传统企业，现在只要装上一个很简单的感应器就能连上互联网。像小区里的垃圾箱，你可能觉得它和互联网没有关系，但在《谢谢你迟到》这本书里，弗里德曼讲到，现在很多垃圾箱已经装上了感应器。当垃圾箱快要填满时，它会自动"告诉"环卫工人赶紧来清理。还有很多看起来和互联网毫无关系的事情，都与互联网建立了联系，比如养奶牛。养奶牛面临一个问题是如何给母牛育种。只有在非常精确的时间段内找到机会，母牛育种的概率才会更高。可是你不能派一个工人24小时跟在母牛的身后，看它是否到了最佳育种时间。最后，人们发现了一个很简单的办法，就是数母牛的步数。当它感觉到自己已经达到最佳育种状态时，它走路的步数会和平时不一样。因此，简单地在母牛身上装一个计步器，就可以精准地发现母牛的最佳育种时间。而后人们又发现，如果在最佳育种时间的前三小时育种，生产公牛的概率更高，在后面的时间育种，生产母牛的概率会更高。简单的设施和现在越来越复杂、越来越庞大的互联网结合起来之后，一个人可能会发现自己已经越来越离不开互联网了。但所有的问题都是有两面性的，你看到了积极的一面，也要看到消极的一面。互联网时代的上半场，基本上是一个草莽英雄创业的时代，或许你在车库里就能创立一个像苹果、微软这样的大公司；现在越来越多的数据实际上掌握在一些大企业手里，这个时候我们再想像当年那样创业，已经越来越难了。

谷歌一家公司的用电量就已经超过美国犹他州盐湖城一个城市的用电量，电费非常高昂。在互联网变化的过程中，市场的逻辑也在变化，应对的措施也在变化。这需要我们随时调整步伐。作者在《世界是平的》中没有谈到的一个问题，就是如何寻找庇护所。这个世界变化这么快，我们应该到哪儿去找一个安全的地方呢？《谢谢你迟到》里，讲了第四个"M"，作者的老家——明尼苏达州（Minnesota）。他发现，在美国，除了硅谷、波士顿等我们熟悉的高科技领域所在的地方，其实还有很多普普通通的小社区，而这些小社区里培养出来的人们，互相信任、互相帮助、互相合作，同时有着不断推陈出新的社区文化，这就是我们在这个"台风时代"能够找到的"台风眼"。在台风来的时候，台风眼里最安全，别的地方都在下暴雨，但这个地方无风无雨，天空非常晴朗，而这个台风眼又是不断变化的，因此这个台风眼靠单独的一个人已经很难找到了。

因此，你的朋友圈、你的人际关系、你的社区、你工作的企业、你所在公司的文化，对于你个人就变得越来越重要。这是我们在加速的时代要给自己上的一堂新课。我为你介绍的《世界是平的》这本书，是十年前我们认识全球化的入门读物，我还介绍了它的姊妹篇——弗里德曼最新出版的《谢谢你迟到》，这两本书你可以对照着读。你会有一种魔幻般的感觉，你会意识到在这十年中，我们经历的这个时代、我们所处的这个世界，发生了多么重大的变化。

读其中一本书你可能会感到很震惊，但是在读完这两本书之后，你应该会有一种历史感，而且是你身边的历史感。

傅盛
猎豹移动董事长兼 CEO，猎户星空董事长

善读：企业家如何在阅读中精进成长

用商战的思维
武装商业体系

——

傅盛 领读

《商战》

艾·里斯和杰克·特劳特在震惊整个商界的经典之作——《商战》中提出了"商业即战争，敌人即竞争对手，战场在顾客心智中"的观点。时至今日，他们当年提出的各种商业战略仍然充满活力。

本书分析了商战中的实际案例：可口可乐与百事可乐的战役，汉堡王与温迪斯对麦当劳的挑战以及数字设备公司（DEC）对阵IBM等。这些人们熟知品牌的案例在作者精心的组织下，不仅能够加深读者对本书中心思想的理解，而且能让读者学习如何在实战中具体应用各种营销战略和策略的技巧。

我来领读的这本书叫《商战》。我记得我第一次读到这本书的时候，大概是在 16 年前。那时，我刚刚从一个基层员工变为一个项目的管理者。那时我正处在一种困惑当中，思考如何能够把以前我擅长的执行变成项目的战略，并且把它贯彻下去。

这本书对我的帮助是巨大的。我一直觉得有些书读完后是能够让自己的整个思想格局发生变化的，《商战》就是这样一本书。

当时我正带领着 360 团队，在国内的安全行业开始了内部的创业之旅，把 360 从一个很小的产品做到了当时全中国最大的安全产品。后来我自己创业。我记得有一次在去美国的飞机上，我又把这本《商战》翻出来读了一遍。因为在读它的过程中我又有了很多新的思考——关于战略、关于竞争、关于整个市场的分析，因此这本书对我的帮助应该说是特别大的，它尤其适合创业者阅读，它也是我在公司要求业务负责人必读的书目之一。

我来介绍一下这本书讲的商业战争的四种形式，它也对应了《战争论》中提到的四种战略形式。反过来我们也可以去想，为什么今天这么多企业领导者愿意去读战争类的书？其实本质上，商业战争就是和平时期的战争，是一场围绕用户对你的认知开展的战争，是一场关于市场占有率的战争。

01 理解四种商业战争的形式

这四种商业战争的形式分别是防御战、进攻战、侧翼战和游击战。我要求我的业务部门领导把它们背下来，有时候我会抽查。

什么叫防御战呢？如果你已经在一个市场中取得了绝对领先地位，当后来者对你展开进攻的时候，你采取的一系列措施就叫防御战，这也是第一种商业战争的形式。

这本书总结了防御战的三个原则。

第一个原则是，只有市场领导者才能打防御战。这句话的隐含意思就是，如果你不是市场领导者，你开始思考如何防御的时候往往就是你开始失败的时候。

第二个原则是，最佳的防御就是勇于自我攻击。什么意思？就是说，领导者敢不敢自我攻击，是他能不能取得防御战胜利的关键。商业中有一个最大的自我攻击点就是利润率。当一家企业的利润率很高的时候，可能就是它出现危机的时候，而一个强大的企业是敢于在自己最核心的利润率这一点上去进行自我攻击的。

第三个原则是，强大的进攻必须及时封杀，也就是说，如果你是一个市场领导者，当你看见你的敌人发起进攻时，你要及时采取策略。

其实这里也有一个商业方面的理论，叫作帆船理论，就是说强大的领导者就像帆船比赛里处在第一名位置的那艘帆船一样，他要及时应对进攻者所采取的所有行动。如果你玩过帆船应该知道，你处在第一名的位置，当大家风向一致时，处于第一名位置的你的策略很简单，处于第二名位置的选手做什么动作，处于第一名位置的你就做什么动作。哪怕处于第二名位置的选手犯错了，只要跟他一样犯错，处于第一名位置的你也依然可以保持优势。

如果处于第二名位置的选手采取了一个行动，但处于第一名位置的你没有做出这个行动，就有可能被反超。这就是强大的进攻必须及时封杀的意思。

我们能看到很多市场第二名变成市场第一名的例子，其实本质原因都不是第二名有多强大，而是第一名在不断犯错误。《商战》这本书中还说，一个领导者有两次犯错的机会，也就是在经历第一波进攻以后，他依然有反击的机会，我觉得这个论断也是非常精准的。

因此，我们可以看到，在商业史上的很多例子中，许多进攻在领导者的防御之下即便在前期取得了很好的效果，最后也无法颠覆领导者，这就是领导者优势的体现。

我相信这一点颠覆了很多创业者的认知。我们很容易觉得领导者就是腐朽没落的人，但事实上领导者在其优势领域展现出的强大战斗力，是我们以前没有充分认知的。

第二种商业战争的形式叫进攻战。进攻战往往是给一个市场中的第二名准备的。此时，要么第二名的市场份额被第一名越打越少，要么第二名就蚕食或者攻击第一名的市场份额。对于进攻战，书上也给出了三个原则。第一个原则，领导者的强势地位是主要的考虑因素。什么意思呢？如果你真的要发动进攻战，一定要考虑第一名到底强在哪里，它为什么强。你要用和它的强势同样的方法打进攻战，几乎是不可能取胜的。因此，在发动进攻战之前，你一定要认真分析第一名的各种强势因素。

第二个原则就是找到领导者的强势中的弱势，并聚而攻之。这里我们要理解"强势中的弱势"概念。一个市场领导者在它越强的地方越有可能存在弱势。以利润率为例，比如市场领导者的利润率很高，如果你用一个低毛利的东西或产品策略去攻击市场领导者，市场领导者就很难降价，这是它过去强势的核心部分。

以前我们一直在讲电商对传统商业的攻击。为什么像万达、国美这样传统商业模式的企业去做电商时很难？

在传统商业中，流通环节的毛利是非常高的，而这也是它强势的重要组成部分，比如其分销商、加盟体系，但由于电商打掉了其强势中的弱势，领先者就很难去抵挡后来者的进攻。注意，强势中的弱势不是强势中的弱点，有些弱点市场领先者很容易就弥补了，甚至会出现进攻者帮市场领先者弥补弱点的情况。比如经常会有创业者说："微信的一个功能不好用，我想做一个更好的功能。"这就不是真正的进攻战，你只找出了强势当中的弱点，你把功能做好后，微信只要拷贝一下代码，它就弥补了这个弱点。

第三个原则是，尽可能在狭长地带发起攻击。这涉及军事术语，用我们的商业术语来说就是聚焦单点。其实，一个巨长的战

　用商战的思维武装商业体系

线、一个看起来很复杂的体系，往往是从一个单点被撕开口子的。微信支付用红包这样一个小功能，迅速把支付宝在长达十年里积累的巨大商业优势给撕开了一个巨大的口子，使得微信支付已经在交易额和交易笔数上都超过了支付宝。

第三种商业战争的形式叫侧翼战。望文生义，侧翼战要求我们能够在一个领导者或者一个市场的旁边找到一个空白地带。

这本书里也给出了关于侧翼战的三个原则。

第一个原则是，最佳的侧翼战是在无争地带展开的。考虑到这本书是几十年前的书，它所讲的无争地带，用我们今天的话来说就是蓝海或者风口。也就是说，最佳的侧翼战，是你能够找到一个没有人发现的市场，而这个市场正在快速崛起。这时，你展开这场战争就很有可能在领导者所处的市场之外开辟一个新的战场，并且让你自己的整个商业模式得以建立，让你的整个商业系统得以运算。

第二个原则是，战术奇袭是作战计划中最重要的一环。什么叫战术奇袭？其实用今天的话来说就是一个字——快。你要在六个月内、最长不超过一年的时间里完成一次侧翼战的组织和发动，这样你才有可能在一个蓝海市场里成为领导者。今天这个时代变化非常快，当你准备开启一场侧翼战时，有投资人会说，在全中国可能有几千个创业者都在干这件事。因此战术奇袭是作战计划中最重要的一环，也就要求你能够快速发动一场侧翼战。

第三个原则是，追击与进攻同等重要。侧翼战的发起都是在一个空白领域开始的，也就是一个蓝海市场。当你在一个蓝海市场展开侧翼战，并且成为市场领导者的时候，你要跟着市场一起快速成长，并且牢牢占据市场领先者的位置。这样的商业案例我们也见过很多。大家都知道短视频是快手先做的。其实他们在短视频这一侧翼市场完成了一次侧翼攻击——在巨头反应过来之前，但我个人认为它的追击慢了一些，因此被抖音反超了。可见，当你在一个侧翼市场变成第一名的时候，你一定要想想，你的地位是不是足够牢固，你是不是构建了足够高的防御壁垒，使你自己能够成为领先者并展开防御战，不断在市场上扩大你的份额。

第四种商业战争的形式叫游击战。我觉得可能你一看就大概理解游击战是什么意思了。第一，打游击战要找到一块小得足以守得住的阵地。什么叫守得住的阵地？当你开始打游击战的时候，其实往往是一个公司初创的时候。这时，你一定不要把你改变世界的伟大梦想与你的商业行为直接挂钩，而要先找到一个看上去小且你能够完全占领的市场。这时，对手和市场领导者是不愿意对你发起进攻的。

第二，无论多么成功，打游击战时都不能效仿领导者。也就是说，即便你在一个小市场内能够拿到市场份额的第一，你也不是一个真正的市场领导者。比如很多区域型的餐饮连锁店，无论在某个城市有多成功，都不能去效仿领导者。也就是说，整个组织结构、汇报体系、内部运转流程，以及薪酬水平，可能都不能跟领导者看齐。一旦这样做，往往就会是一个失败的开始。

第三，打游击战时，一旦情况有变，要随时准备撤退。我之前有几个朋友在老家做跑腿公司，都做得不错，但后来美团一进场，这场战役已经打不下去了。当时几个朋友就愁眉苦脸地来找我，问怎么办。我说，赶快不要再做跑腿公司了，快去想别的业务。电影《墨攻》里有一句话让我印象非常深刻。当时赵国的十万大军攻打一个小国，墨家派人帮助小国防守，小国国王问："我们能守多久？"墨家子弟因为善于防守，就说了一句："我们能守多久，取决于赵军决定攻多久。"

在一个市场领导者狂风暴雨般的攻击下，你再努力可能也改变不了大形势。打游击战时，撤退是非常重要的原则，而且只有撤退才能让你抓住新的有可能出现的蓝海市场，去开始新的游击战。

02 战争的形式变换

这四种商业战争的形式——防御战、进攻战、侧翼战和游击战，其实它们本身也是可以相互转换的。这样的例子很多，这本书中也给出了不少例子，其中包括百事可乐作为第二名如何去找到第一名可口可乐的强势中的弱势。

当时可口可乐的瓶子形象在美国人的心目当中几乎是一代人的文化代表，拥有非常强势的地位。

但这也形成了它的一个弱势。百事可乐的策略是"同样一份钱买两份可乐"，它推出了一个大一倍的瓶子。这是一次价格上的进攻战，让百事可乐的市场份额增长了很多。

这本书中举了很多关于四种商业战争的形式转换的例子，其中大部分例子都是美国当时的一些商战，我结合自己对互联网的一些理解，也举几个例子。比如，说到字节跳动的产品，当它刚刚推出今日头条产品时，我的分析就是，这是一场针对搜索的侧翼战。为什么呢？因为在个人计算机（PC）时代，我们在搜索时都会进行精准输入，我管它叫十指搜索：我们要输入一个非常精准的字词去搜索一条信息。这是百度作为领先者的核心优势。

这时，字节跳动看到了一个打侧翼战的机会。因为当我们用手机时，打字没有那么方便，所以当我看到今日头条产品形式时，我把它定义为移动时代的拇指搜索，它只是通过你的点击——你喜欢不喜欢文章内容，还有你看文章的时长就能判断你的兴趣，然后主动地为你推送文章。

这一场侧翼战应该说展开得非常漂亮。今日头条崛起的时候，百度迅速推出了掌上百度，掌上百度的日活和时长实际上顶住了今日头条的这一波进攻。但是，反观字节跳动，它在发起第一次侧翼战后没有形成进攻战，并且在市场份额增长时转向了其他领域。而当它进入短视频这个领域时，快手已经变得很强大了。

快手是怎么变强大的？它最早虽然只是一个做 gif 动画的工具，但是快手团队认为只做工具是没有前途的，他们开始寻找打

用商战的思维武装商业体系

游击战的机会。当时他们看重一点，就是把技术动画变成一个几秒的小视频，把它留在社区里。为了打这场游击战，当时快手工具的日活降到了几十万，也就是说流失了大部分用户，只留下了很少一部分用户，而且那时短视频是一个不被视频从业者看好的领域——大家认为，人们去看视频是为了看电视剧、电影、综艺等，没人会去看时长只有十几秒的搞笑视频。

但是快手成长得非常快，把游击战转换成了侧翼战，找到了一个大家都没有发现的蓝海。我们使用手机时，有很多碎片时间，我们无法看太长的视频，可能就是在公共汽车上看个五分钟的视频，甚至在上厕所时看个几十秒的视频，然后就暂时没有了观看视频的需求。

因此，快手在这次侧翼战中收获了非常迅速的成长。于是，侧翼战的第三个原则——追击与进攻同等重要——使它成了这个行业当时的绝对老大。

字节跳动当时发现了快手的快速成长，它意识到短视频是一个蓝海领域，又对快手发起了一场侧翼战。快手当时的很多用户都来自东北地区及其他农村地区。字节跳动的抖音就反其道而行之，专门找一二线的所谓的中产去制作一些更"高大上"的内容，从而跟快手拉开了竞争的差距，并且快速成长，然后又针对内容不断发起进攻。今天，抖音反而成了时下中国最大的短视频社区。

不仅如此，当它开启了侧翼战，不断成长的时候，字节跳动

善读：企业家如何在阅读中精进成长

又瞄准了长视频领域，试图用自己的阵地发动对长视频领域的攻击。

03 商战不仅仅是营销之战

互联网已经发展了几十年了，我作为一个从业者，觉得《商战》里提到的内容原则和商业战争的形式现在看来一点都没有过时。只是互联网更快速的信息传播和更剧烈的行业变动，使得可以被用在《商战》这本书里的例子层出不穷。

其实我当时和一些朋友讨论过好几场商战。我们当时对很多侧翼战中的领先者是不是在窗口期实行了有效防御，做了很多分析，发现都符合这本书中提到的框架。

当然，如果说这本书有什么不足，我也能想到一个。可能因为特劳特非常强调定位，所以他在整本书里把所有商战形式总结为营销战争。我认为这本书不仅仅适用于营销端，也适用于研发整个产品体系和商业体系。

如果想读好这本书，你可以把这几种商业战争的形式及其原则背下来，做到刻意练习。

我在创业的过程中不断告诉自己，我今天做过一些尝试，实际上就在做游击战，我们创业的第一阶段，就是找到一个能让自己活下去的领域。等到移动互联网到来的时候，我每天都在思考该如何找到一个打侧翼战的机会，我翻了这本书，结果找到了海外移动工具 App 这个蓝海市场。

　　实际上，在那一年，我们用所有能够触及的海外渠道推广我们的产品。当我们看到有一个产品在美国工具排行榜排第二，却只有一个人在做的时候，就集中了 200 个程序员去做了"clean master 清理大师"，这使得我们的产品在两年之内做到了日活跃用户数量两亿，也推动了公司的上市。

　　这本书对我的帮助是非常大的。如果你真的对商业感兴趣、对创业感兴趣，不论你今天是大老板还是一个准备出发的创业者，我相信这本书一定都能够对你有非常大的帮助。我也建议你每隔一段时间就翻一翻它，可能你对它的认知又会不一样。

夏华
依文集团董事长

善读：企业家如何在阅读中精进成长

找寻人生的第二座山

——

夏华 领读

《第二座山》

"第二座山"是戴维·布鲁克斯在其著作《第二座山》中提出的概念。戴维·布鲁克斯认为：人生要爬两座山，第一座山是"自我"之山，我们希望实现自我；第二座山是"忘我"之山，为了某个使命，我们甘愿默默地奉献。

01 人生中有两座山

我今天为大家分享的这本书叫《第二座山》，这是一本关于生命哲学的书。

读书有两种不同的状态，一种是启发性，一

种是思考性，一本好书可以引发你无限的思考。我之所以觉得《第二座山》是一本好书，是因为它在不同的时间、不同的阶段都会引发我不同的思考。

这本书最能引发我思考的内容在于，人们都在攀登两座山，终究都会从第一座山跨越到第二座山上。人生的第一座山是属于"自我"的山，人们会在这座山上不断地攀登，去寻求自我价值的实现、寻找自己这一生的目标和追求；但是，当人们攀登到山顶或在半山腰思考时，脑中就会出现第二座山的轮廓。第二座山代表着人生的终极意义和目的到底是什么。

看到每一个创业者的经历时，你可能都会产生这种感受：无论路上多难，你都会有一个非常清晰的目标。在实现这个目标的过程中，无论面对多大的挫折，你都可以挺过来。而为了实现这个目标，无论经历多大的痛苦，在成功之后再回忆起来，你都是快乐的。

书里提到了一个非常有趣的概念，叫特洛斯危机[1]。它指的是人生的一种状态，即身在其中的人，如果不明白自己的处境和目的，就会被很多事情困扰，会变得非常脆弱。

其实对我们每个人来说，有着越清晰的目标，在面对挫折时就会越坚强；但如果我们丢失了目标，我们就非常容易变得脆

------

1. 特洛斯即 telos，意为"目的""目标"。

善读：企业家如何在阅读中精进成长

弱，也非常容易在困难面前崩溃。

在一路的艰难困苦中，每个企业家和创业者都会发现，目标是非常强大的动力。但是，在很多时刻，比如，在你的人生目标达成的时刻，当你登顶了第一座山时，你会发现，从中获得的快乐其实是短暂的。

我们的生命里都有两条曲线：一条曲线是每个人都能清晰感受到的目标曲线；而人生还有另一条曲线——价值曲线，这条曲线有时不容易画，也没那么好判断方向，而且它的时间跨度非常大，甚至有的时候你看不太清楚它。要确定这条曲线的走向和趋势，我们往往需要更强的判断力，更需要企业家和决策者的智慧。

在这个点上你会发现，人们在寻找第二座山时更为不易。人们走下人生第一座山的高峰之后会遇到山谷，甚至可能需要穿越旷野。我觉得这本书中最精彩的一部分就是旷野的部分，其中有一段描写意味深长。

书中写道："倾听生活，意味着你要有耐心。我们中的许多人，在面对生活的大部分时间里，都抱着一种过早评估的态度。我们有一种自然而然的倾向，一遇到什么事情就马上下定决心。问题是，我们——甚至包括我们的自我，一旦做出判断，就不会再看到它的全部复杂性。旷野教会人无为的能力、在不确定中暂想的能力，以及不过早下结论的能力。"

关于这些，我有特别深刻的感受。其实，一路走来，我们前面的生活经历给了我们很多下结论的能力，我们特别容易带着倾向做判断，特别容易过早下结论。实际上，很多时候我们无须带着成见和判断下结论，而要倾听生活本身，倾听内心的感受，这样我们才能真正地找到第二座山。

02 找寻自己的第二座山

我 1994 年辞去了中国政法大学的教师职务，从西单商场的一个售货员做起，开始创业。这次创业的决策和判断其实源于我自己内心的渴望。我是从农村成长起来的，从父母亲供我读大学的那一刻起，我就告诉自己要努力，要变成一个有能力的人，而且这种能力不仅仅是改变自己的命运的能力，我还期待着自己能改变家人的命运。

当我成为一名大学教师时，我拥有了我认为的阳光下最温暖和最美好的一份职业。那段时间我很快乐，但我的内心还是有些不是滋味。当时的收入，很难让我把大山里的父母亲接到大城市来，也很难让他们过上他们认为的快乐晚年生活。为此，我下决心辞掉这份工作，开始面对新的人生，开始过创业的日子。

在创业期间，我经历了非常特殊的时期。2003 年，非典来了，那时，我在急速奔跑中突然停顿下来，开始去面对生活带来的一次新思考。

从那时起，我隐约地看到了我生命中的第二座山。除了创建

272

依文集团这份事业，我开始去创立第二份事业，就是展示中国绣娘和她们擅长的技艺，就是创办"依文·中国手工坊"。

这本书中提到了"双峰模式"，意思是，面对人生的两座山，人们通常都是攀登完了一座山，从山峰到山谷，穿越旷野，然后在深度思考下开始攀登第二座山，但有的时候，我们可能会思考同时去攀登两座山。

我觉得自己是幸运的，在面临一次危机时，我有时间、有心力去思考人生的第二座山在哪里。我第一次摆脱了一个企业家那些最简单的思考，比如关于收益、报表、利润等名词，然后开始思考，能不能去做一件自己一辈子都会觉得有意义的事情，去做一件当时不知道是否能得到结果的事情。

依文中国手工坊从创立至今已有近20年了，创立它是我生命中一件极度快乐的事，而且这种快乐是可以延续很长时间的。

我经常说，当我们的工作或事业达成一个目标的时候，我们会非常高兴。但是这个高兴可能只能延续一个月或一个季度，最多在一年之后，我们会发现自己又面对着新的焦虑和新的挑战，我们又会在这种艰难中开始新的攀登。然而，当我们用一种商业的手法、一份公益的心，去做一个不同的事业时，快乐会变得很简单。

每当我和我的团队到大山深处去看望那些老人家时，看着他们露出的笑容，看着他们的日子变好，看着他们开始参与现代社会的生产生活方式，把她们古老的手艺转变成商业价值，由此产

　　　　　　　　　　找寻人生的第二座山

生的快乐的持续性非常强。

其实，人生的双峰模式，就是你在勇敢地攀登自己的那座山的时候，去找到一件具有利他性的、可持续的、有长久社会价值的事情。你开始为之努力，开始放下内心中的焦虑，开始不在意别人的评价；你也不会在得与失之间、成功和失败之间进行衡量，而会坚定地找到自己内心中的那份平静和动力。

03 第二座山，为生命找到意义

《第二座山》这本书，它有一个注解是"为生命找到意义"。也许我们会进行更深刻的思考，思考我们过往所有曾经付出的努力，思考我们未来每一天的日子会怎样度过，思考我们未来的职业生涯，甚至思考我们的社区生活，我们在婚姻家庭等各种场景之下，以及各种不同角色中，要呈现一个什么样的自己。

也许有人会问：第一座山和第二座山之间到底有什么区别？书中写到，如果说第一座山是关于构建自我和定义自我的，那么第二座山则是关于摆脱自我和舍弃自我的。如果说第一座山是关于获取的，那么第二座山则是关于奉献的。

从我的个人感受来说，如果说在攀登第一座山的时候，我们在雄心勃勃地独自向上，那么在攀登第二座山的时候，我们则更需要放下自我，学会倾听和携手——我们要去倾听他人的感受，要去携手一群人一起努力；如果说在攀登第一座山的时候，我们

善读：企业家如何在阅读中精进成长

更需要激情和勇气，那么在攀登第二座山的时候，我们更需要懂和爱。

我特别想和你分享一下，我在创业的这 30 多年里是如何发现第二座山、如何艰难地攀登这第二座山的。

对我来说，第二座山是生命中的偶然。那时我在做服装，我当时一个最大的目标就是让依文成为受到世界尊重的品牌。而我也有机会在那个年代带着设计团队开始进入巴黎时装周、米兰时装周，开始走向世界。

在每一次参加国际时装周的时候，我都在寻找和思考，是什么能够让大家、让全世界对一个中国品牌有格外的关注，或者引起他们的不同凡响。

我发现，那些极美的中国手工艺和独特的中国文化元素，是大家特别关注的。而每一次我在走完时装周后，会发现外国媒体都在寻找我的不同。我当时有了一个特别大的念想，就是要带着设计师团队走近这些中国的原生文化，到各个村落里去寻找不同。

2003 年，我第一次带着设计师来到贵州，来到黔西南的大山深处。我们希望汲取其中的文化灵感，创造属于中国文化的独特美学产品。真正进到村子里的时候，我内心很震撼，它让我发现了自己内心的第二座山。

我印象特别深，当时的县领导在一个学校操场上组织我们与村民见面。我来到操场上的时候，非常震撼，上千位盛装的老人家，她们手里捧着自己的作品，这些作品有的是她们花了几年时间给自己的女儿、孙女绣的一件嫁衣，有的是给家人、亲人绣的一双鞋垫，有的是给自己绣的衣服，也有的是那些极为精美的、绣着原生绣片的手工艺品，上面的每一个图案都非常独特，而且都是带着民族图腾的。

那时县领导让我给大家讲几句话。我记得当时我说了一句话："谢谢大家，你们让我看到了最美的艺术。"下面鸦雀无声。站在我旁边负责翻译的村长问了我一句："您说普通话，艺术是什么？"

这一句话让我心里非常触动。在我的意识里，都市和大山之间的区别是距离，是飞机、火车、汽车，是山路弯弯，但是这句话让我发现，其中的区别不止这些，还有语境上的不同。我在城市里的任何一个角落说到艺术的时候，人们都能够理解其中的意思，但是，就是这些传承了千年手艺的一群人，在我眼里是艺术家的这一群人，她们听不懂什么是艺术。

然后我问村长："我该怎么说？"村长说："你就跟她们讲，让她们好好绣花，你带她们去北京。"于是，我就说："大家好好绣花，我跟大家一起努力，我把你们的产品卖到北京，我带你们去北京。"很多老人家当时就鼓掌，因为她们听懂了北京，在她们内心深处，北京可能是很多人心向往之的地方。

这时，我一激动，又说了一句："不仅仅卖到北京，这么美的东西，我可以把它卖到伦敦。"下面又鸦雀无声了。村长愕然地问我："您说普通话，伦敦又是什么？"这句话成了我心里的一个结。

为此，后来我无论如何都希望能够带她们去伦敦，这是我自己在这座山上攀爬过程中的一个里程碑。

04 攀登第二座山时的幸福点滴

我已经攀登第二座山18年了，在此期间，我深感不同的是，我找到了很多爬山的同伴，他们不只是依文的员工，还有许多志愿者。我把内心的这份梦想和感召讲给过很多人听，我希望让大山里这些最美的手工艺能传承下去，我希望这些手工艺人、这些绣娘们能在自己的家里背着娃、绣着花、养着家。

许多志愿者说："夏总，我们愿意跟你一起干。"或许你很难想象，很多"80后""90后"甚至"00后"的年轻人，现在成了我们团队的成员。这件事情不像我的第一份事业那样在北京就能完成，我们需要去到大山深处，和绣娘们一起生活、一起创造。但是很多志愿者都说，他们愿意去绣娘的村子里工作。

刚开始，有些人去了一周觉得很新鲜，但在第二周、第三周就提出来，能不能干满两周就回去。村子里没有网络，老人家晚上八点多就睡觉，凌晨三四点起床，那里的生活方式和他们在城市里的生活方式完全不同。

那时我也不知道该怎样向他们表达。我就说，再试试看，看看我们能不能多待一段时间，能不能有更多的发现和思考，能不能用一些特别的方式帮到这些老人家。

就这样，直到今天，有很多志愿者从一开始想离开，到坚持了三个月、坚持了半年，也有很多志愿者在那里待了三四年，离开的时候，他们反过来对我说："我爱上了山路弯弯，爱上了阿妈做的每一顿饭，爱上了这里自己酿的米酒……"

我知道他们爱上的不止这些，他们爱上的更多的是我们的生活、我们的工作可以如此有意义，我们可以帮助这些老人家过上她们以前可能做梦都没想到能过上的日子。

确实，攀登第二座山和攀登第一座山完全不同，第一座山上有我们的目标，有我们的梦想，有我们设定的很多结果；但是在攀登第二座山时，我们会发现懂比爱更重要，我们要去倾听她们、理解她们，我们要和她们过一样的日子，我们要懂得她们向往的是什么。

我在这里特别想分享几个例子，一个例子是关于潘奶奶的。

我遇到潘奶奶的时候，她年近80岁，是一位苗族老人家。她的手艺特别好，她给女儿绣的嫁衣漂亮极了。我对潘奶奶说："这卖到全世界都是奢侈品。"潘奶奶那时候并不知道什么叫奢侈品，她只是笑着问我："这个有人买吗？"我说："我们试试看，但是奶奶你不能绣一模一样的，你得绣我们设计师设计出来的东西。"

那时候潘奶奶也一直想说服我，于是她就告诉我，这上面的每一个图案，哪一道是长江，哪一道是黄河，哪个是民族的迁徙图……我特别想把潘奶奶讲的这些东西都记录下来。

后来，在我建第一个纹样数据库的时候，潘奶奶是非常重要的讲述者，她讲述过的每一件衣服上的每一个图案，我都试图让设计师记录下来并还原它，然后再在这个基础上去创造那些更时尚的、更属于这个时代的美学纹样和图案。

经过 18 年，到今天，我们已经建立了包含 8000 多种纹样的数据库，这个数据库里的每一个图案都是那些像潘奶奶一样的老人家生活的故事，都是她们口口相传的那些有趣的、美丽的图腾。

这些纹样，今天也已经被成千上万的设计师应用在时尚设计中，我们用这样的方式开始讲述民族的故事，讲述中国的故事。我们试图用自己的倾听、懂得，试图用心去创造，看能否开出花、结出果。

就是在这个过程中，我们和潘奶奶开始一点点地相互理解、相互懂得，之后潘奶奶也说："我愿意跟你一起走出大山。"

如今，潘奶奶和我一起走过了十几个国家，我们参加了各种各样的关于民族文化推广的活动。潘奶奶去年一年在我们平台上的收入是 182 万元，我自己说出这个数字的时候，比起说我们的品牌、我们的服装能卖多少钱，都更激动，更有自豪感。

潘奶奶说："我做梦也没想到用自己的手艺可以挣这么多的钱。"但是，我们就是用这样的方式，一起爬上了第二座山，一起开始一点一点地让更多的绣娘有机会用自己的双手创造价值、创造财富。

我记得第一次在村子里和绣娘们谈话，说我们成立一个合作社，我给大家股份的时候，那时几乎没有人能听懂股份这个词，也没有人愿意要股份。当时大家就说，你给钱我们就干。但是今天已经有很多大山里的绣娘变成了 CEO，变成了创业者，她们拿了股份，也赚到了钱。

第二个例子是关于梁忠美老师的。

在黔西南的一个小村子里遇到梁忠美老师的时候，我感受特别深。这种感受就像这本书里说的"旷野感受"，它对于我也是一个全新的世界。我想象不出一个独臂的绣娘，仅用自己的一只手，看着天空中纷飞的蝴蝶，就能绣出活灵活现的产品——最美的蝴蝶绣片。

我特别惊讶，并放下了我此前所有的认知和判断。我问梁老师，你绣这一只蝴蝶要多长时间？她说要两周的时间。我说，那得卖多少钱？梁老师说，给钱我就卖。那时我说，这么珍贵的东西，梁老师你不要卖了。她说，只要能换钱，只要我能养孩子，我就愿意卖。

那一刻我就下了这个决心。我对梁老师说："你不要卖了，我给你建一处工坊，你就带着一群人绣蝴蝶，我一定把它们卖出一个最好的价钱。"

十几年过去了，今天梁老师的一个蝴蝶绣片，我们可以卖到

善读：企业家如何在阅读中精进成长

巴黎、米兰、伦敦，卖出几千元；梁老师和她的绣娘们绣的百蝶衣——一件羊绒大衣上有上百只蝴蝶，我们可以卖到上万欧元。

我经常在思考，爬第二座山的时候有很多不同，我们没有设定目标，但是我们会不约而同地朝着一个方向去努力。今天梁老师带着几百个绣娘一起绣蝴蝶，她的年收入能达到几十万元、上百万元，今天梁老师的蝴蝶绣片的订单，也已经排到几个月之后了。

我专门为梁老师做了"蝶梦深山"的深山集市。我印象特别深刻。我当时下决心把梁老师接到集市上来一起开集，那样一场盛大集市的开集就像一个城市的节日一样。

梁老师说："我从来没走出过大山，我也不方便。"后来我专门派人去接了梁老师出来，在集市开集的时候，我特别想让梁老师讲几句话，让她告诉更多人她的故事，让更多的都市消费者爱上她的蝴蝶绣片和蝴蝶作品。

那时，梁老师拿起麦克风，这是她第一次用麦克风，她不知道怎么用。她上台的时候，把麦克风举起来又放到了地下，然后她鞠了一个躬就下来了，并抱住我，像亲孩子那样亲了我两口。

这就是她所有的仪式感和她想表达的东西，也让我深深地感受到，爬第二座山时的收获和爬第一座山时的收获是完全不一样的。爬第一座山的收获是销售额，是一个目标的实现，是依文这个品牌又有了多大的流量、有了多少 VIP 客户，这些很多是可以通过数据量化的东西。

但是在爬第二座山的时候，我的收获如此简单，就是一次拥抱、一个微笑，她像亲孩子那样亲我一口，我就觉得这一切都值了。这时，你会发现，无论多困难，你都不会像爬第一座山那样体会到孤独感了，而且你会有一种超然的动力去越过这座山。

在爬第一座山的过程中，很多时候你会觉得自己是个孤勇者，你是孤独的，你一路向前；但是，在爬第二座山时，你的内心是踏实的，是丰盈的，你有很多同行者，他们也和你一样，不问数据，不问目标，一直默默向前走着。我们不知道什么时候可以爬到山顶，甚至不知道山顶在哪里，但是就这样，很幸福、很释然地爬着。

05 无法企及的山顶其实就在脚下

这本书最重要的作用是让我认定了，人生是可以有双峰模式的。我现在依然在爬第一座山，带着依文的伙伴们，确定每一个目标，了解每一个战利品、每一个节点，同时我还在和一群人一起爬着第二座山，即使过程漫长、即使没有那么清晰的目标，我们也在这样一路同行，这让我们发觉，原来无法企及的山顶其实就在脚下。在爬第二座山时，我还有很多心得，比如爬着爬着，和你一起爬山的人越来越多了，你会觉得山的高度在不断地变换，你的梦想也不断地在变大。让都市读懂大山，让未来读懂过去，让世界读懂中国——我们就是基于这样一个梦想在不断地前行。今天我们已经在和上万名绣娘合作了，我一直在试想，这座山未来的承载力会越来越大，未来可能会有 10 万、20 万名绣娘，我们一起去爬这座山，让世界看到最美的中国手工艺，让我们这些传承了千年的手艺文化图腾去影响更多人。而今天也不像最初爬山的时候，那时我们每走一步都要用尺子丈量到底可行不可行，而现在，我们每个人都可以释然地待在村子里，大家去畅想自己的梦想，很多人也会用自己的方式去呈现梦想。在深山集市，大家可能很难想象，我们那种刺绣的笔记本一年能卖出上千万本，我们能让城市的很多年轻人愿意排着队去体验那些蜡染的帆布鞋。我一直说，我们在用这样的方式创造一种美好的商业，它是无限进化的，它是有无限可能性的。一开始，我们想象的空间是我们创造了一个平台，能够让很多人有机会在这个平台上卖出自己的产品，但我没有想到，我们不仅仅给绣娘们创造了一个平台，还有成千上万个设计师也开始在这个平台上找到他们的灵感。它是双向赋能的，它有无限的可能性，它在无限地延展。这座山的有趣，我们是看不到顶峰的，只要我们用心去爬就会发现，不一定只有自己，可能会有很多人和我们一起，共同去创造新的奇迹。

06 读书的意义

读这本书的意义，不在于了解这本书的章节，不在于阅读这本书的内容，而在于让这本书引发我们的思考。我也相信，每个人都能够在自己的生命历程中找到属于自己的第二座山，找到自己的同路人，去读懂爱，读懂情怀。

哪怕你走的是一条人烟稀少的山路，你也会在攀爬的过程中获得更大的勇气和动力，你也会在爬山时发现自己的生命和行为方式的微妙变化。你会变得越来越谦卑，越来越有敬畏感，越来越喜欢倾听，越来越多地放下自己的判断和执着，然后去迎接更美好的自己。

其实，我在生活中有最开心的三件事：读书、做事和思考。读书会引发思考，读书会影响做事。最近这三年，值得感谢的地方，便是我有了更多的时间去读书，也有了更多的时间去思考，当然，我还在努力地做事。因此，我还想为你推荐一些我认为非常值得用心去读的书。

第一类是生活哲学类图书，包括《品格之路》《前世今生》《臣服实验》《不羁的灵魂》这几本书。

第二类是企业管理类图书，比如宋志平老师的书。他是一名企业管理的实践者，带出了两个世界 500 强企业。他把自己 40 年的管理经验，转化成了管理经典系列图书，包括《经营制胜》《企业迷思》《三精管理》《经营方略》《改革心路》等，这些书非常具有实操性，有非常高的价值。

另外，我还推荐杨国安老师的《组织能力的杨三角》、他和戴维·尤里奇合著的《组织革新》，以及尼尔·埃亚尔的《上瘾》这几本书。

读书是一个人一生中的重要习惯之一，读书能让你的心安静下来，让你重新思考。读书最重要的作用，还包括培养我们的多种能力。

我总结自己的经验，发现读书培养了我的三种能力。

第一种是"对"的能力。这种"对"不是单一的一个声音，而是在看遍了古今中外经典之后，迸发出来的一种能力，或者是在阅读的过程中对判断的一种重新思考和理解。这种"对"不是简单的决策能力，也不是对日常行为方式的关于对错的理解。这种"对"的能力是能重新思考问题的，非常客观地、全维度地看待问题的能力，以及把握大的趋势的能力。

第二种是爱的能力。唯有爱可抵岁月漫长。若没有热爱，可能每分每秒对我们来说都是煎熬，唯有热爱会让我们享受人生中的每一个过程。当你内心充满热爱的时候，你会觉得即使前路漫漫，你也愿意充满激情、勇往直前。这时，你会发现每一份过往的艰苦，都可以成为一种享受和快乐。你也因此会有更强的感召力，能让更多的人跟随你一起去努力。

第三种是共享的能力。共享的能力是让我们在今天这个世界上生存下来的最重要的能力之一。伟大的作家正是用这种方式、用这种能力吸引了更多人，无论是共享一段人生、共享一篇美好的文字，还是共享一个故事。

今天的我们生活在一个共享的时代，我们和世界上的人们每天都在彼此的生命中修炼，共享着彼此的信息、资源，共享着彼此创造的价值。

同时，作为一个阅读者，也作为一个分享者，我特别希望能够通过共享我们在各自的读书过程中和生活中的收获，给彼此带来动力、带来启发。

善读：企业家如何在阅读中精进成长

深入推进全民阅读，全力支持书香企业创建活动

就在本书定稿之际，总裁读书会全国领读者联盟主席团召开联席主席会议讨论换届事宜。领读者联盟主席每届任期 5 年，现联盟主席宋志平主席任期届满，主动提出动议。经中国企业改革与发展研究会彭华岗会长与现联盟主席宋志平主席的慎重提名，并经由宁高宁先生本人及各位联席主席线上线下沟通一致同意，正式确认联席主席宁高宁先生接任新一届总裁读书会全国领读者联盟主席。

宁高宁，著名企业家，曾担任华润集团、蒙牛集团、中粮集团、中化集团等大型央企董事长，被誉为"中国的摩根""中国的杰克·韦尔奇"。宁高宁也是一位著名的企业思想家，他的《五步组合论》被选入 2023 中国企业阅读新书推荐榜，并成为年度被广泛分享、在企业界产生深远影响的热门图书。他也是一个酷爱读书的读书人和优秀的领读人，他涉猎广泛，博古通今，博闻强记，循循善诱。在北京大学国家发展研究院举办的总裁读书会活动上，宁高宁以批判视角领读杰夫·伊梅尔特的《如坐针毡》，令人耳目一新，反响热烈。由宁高宁担任总裁读书会全国

领读者联盟主席，可谓众望所归。

为倡导全民阅读，更好推进读书会系列活动的开展，2018年中国企业改革与发展研究会与《总裁读书会》栏目共同发起总裁读书会全国领读者联盟，宋志平担任联盟创始主席。宋志平先生曾打造两家世界500强，被誉为中国的稻盛和夫，他同时还酷爱读书，在总裁读书几乎每年分享一本书，一直以来他是总裁读书会的旗帜人物。

《总裁读书会》是国内首创的企业家读书演讲访谈节目，节目在全国60多家电视台和全平台网络播出，收视人群超过19亿人次，荣获中国广播电视社会组织联合会颁发的"全国最受欢迎节目"称号，成为现象级的读书节目，是推广全民阅读的急先锋，在推动企业家读书和企业读书中发挥了重要引领作用。在宋志平先生的影响和总裁读书会的持续努力下，领读者联盟团队持续扩大，先后有600多名来自各行业的数百上千的领军人物、翘楚人物和顶流专家学者参与到总裁读书会领读领教志愿活动之中。

总裁读书会从倡导全民阅读，到通过做具体扎实的读书服务，特别是帮助做好企业读书会的配套服务，来落地"深入推进全民阅读""深化全民阅读活动"。

《总裁读书会》节目与时俱进，已经发展成为录播直播结合、大小屏结合、长短短视频结合、音视频图文结合的超级融媒体；总裁读书会社群管理平台通过在线学习沙龙、电视节目、现场实战课程和全媒体内容出版，把商界巨子、名师学者与高端会员聚集在一起，形成了线上线下结合的高端智慧分享与社交平台，并通过企业读书云平台为广大企业提供企业团队集体学习云服务，为建设书香企业打造学习型组织提供优质服务。

在总裁读书会看来，落实全民阅读不仅是政府、社会组织和有关职能部门、相关行业的事情，也是广大企业自己的事情。建设书香企业，在企业落地全民阅读，不仅有企业自身的组织保障，而且也有内在动机、行动能力和实际收益。在我国，企业从业人员7亿~8亿，如果广大企业广泛推动全员读书，将把全民阅读活动真正扎实落地，由企业全员阅读带动影响家庭阅读、社会阅读，作用力更强、推力更足，由此全民阅读必将扎实落地，书香中国也会水到渠成。

总裁读书会给建设书香企业带来的最大支持和贡献就是"选书"和"领读"。在信息过载的时代，读什么书、怎么读书是大多数人共同的追问。"如何在万千图书中选择一本真正的好书，并把书中最具价值的精华分享出来"是倡导全民阅读最需解决的难点问题。总裁读书会依靠领读者联盟集体的智慧解决了推广全民阅读中"选什么书来读，谁来领读解读"的核心难点、痛点问题，读书，跟谁读很重要，有高人指路，就会少走弯路。到目前为止，总裁读书会举办的各类专场读书活动超过100场，领读推荐的图书超过300本，这是企业读书的最大公约数，如果企业组织每周共读一本书，这个书库可以读6年。当然这个书目还在逐年增加，不断扩大。

2017 年，总裁读书会联合中国企业改革与发展研究会、北京大学国家发展研究院等多家机构，启动了首届"中国企业领袖读享盛典暨'双十佳'颁奖晚会"，至 2023 年已连续举办了七届，广受社会各界关注，年度"双十佳"即"年度十佳图书"和"年度十佳读享领袖"评选和颁奖更是获得各界一致认可。"双十佳"有其严格、严谨的评选原则和评选过程，其中"年度十佳图书"按照经典、实用、普适、通俗四个方面综合考量评出，"年度十大读享领袖"则从学习力、创新力、影响力三个评价纬度来进行评选。

目前，领读者联盟共评选出了 100 多名"全国示范领读者"，包括宋志平、姚洋、王建宙、俞敏洪、朱宏任、张维迎、王志纲等领军人物和专家学者，其中宋志平、姚洋、王建宙等人多次入选"年度十佳"；同时还评选出了《中国民营经济四十年》《张謇传》《经营方略》《三精管理》《创新与企业家精神》《三体》《下一个倒下的是不是华为》《心若菩提》《要领》《价值》《王志纲论战略》等 70 本"十佳图书"。

在研制企业书单这一点建议上，总裁读书会携手新阅读研究所，对 2014 年发布的"中国企业家基础阅读书目"进行了修订和完善，推出全新的"建设书香企业：中国企业家阅读推荐书目100 本"。推荐书目分为基础书目表、推荐书目表两大类，每一类又分为"企业家传记与企业史""企业管理""与经济有关的企业家素质""与社科 / 人文有关的企业家素质"四个部分，为企业和企业家阅读选择提供了很好的参考和借鉴。

与时俱进和选择阅读新书也成为企业和企业家关注的重点之一。为满足广大企业和读者阅读的新需求，2023 年领读者联盟集思广益，推出"年度企业阅读新书推荐榜"，在广泛征集各方意见的基础上，组织专家评审团，根据重要性、影响力和专业度等多项评选原则推出。在 2023 年新书推荐榜上，宋志平《共享机制》、宁高宁《五步组合论》、黄卫伟《管理政策》、俞敏洪《不负我心》、姚洋《经济学的意义》、张维迎《重新理解企业家精神》等知名企业家及专家学者新书入选，为创建书香企业活动提供较为全面科学的阅读指引。

企业家们普遍反馈，总裁读书会依靠集体智慧推荐的书单和宝贵的领读课程，对企业来说非常对口对路，对推动普惠化的企业全员读书提供了有力的支持和保障。

由于以上种种有利因素，建设书香企业并不难，而且投入少、收益大，有抓手、好落地。建设书香企业大致要做好如下几方面工作。

1. 推动企业建立读书会

企业读书会应该成为企业的标配，把企业读书会作为企业文化的重要抓手，不仅可以大力提升劳动者素质，培养和发现人才，而且可以形成良好的企业文化，打造优秀的团队，提升团队组织的能力和效率，为企业形成新质生产力提供有力支撑。

2. 建立企业图书馆

企业图书馆区别于公共图书馆，是企业提升员工素质和进行职工培训的重要阵地，是员工的精神食堂，也是员工阅读书籍、开展学习交流的重要场景。企业图书馆要精选针对企业行业特点提升员工知识面和职业能力、综合素质的图书。在企业中选拔优秀的领读人进行示范，带动全员阅读；也可以引进企业读书服务专业机构实现更高水平和可持续的领读服务，或者二者结合达成更好的效果。

3. 企业一把手要亲自抓

建设书香企业是一把手工程。一把手认真抓了，书香企业建设的成效就会很快得到显现。其实建设书香企业最大的受益者是企业一把手，企业风气正了，团队共识度高了，凝聚力增强了，一把手就更省心了。企业一把手要亲自拟订适合企业各级管理者和企业全员的阅读书目；书香企业倡导集体共读，但一把手要亲自示范带头领读，并沉下来跟员工一起学习讨论，以期引导和达成更多的共识。书香企业建设应该鼓励全员参与，许多科技创新前沿知识，以及关于如何提高改善团队工作效率、服务态度、敬业精神、团结协作、精细化做好产品的书，只有少数管理者阅读是不够的，应该组织团队一起共读。管理者与员工一起共读和充分讨论交流，才能凝聚共识，形成共同的价值观和共同的愿景，企业才有更强的竞争力和行动力。

4. 建设企业读书线上平台

企业读书重在落地，贵在坚持。建设企业内部读书交流共享平台是促进和提高企业读书管理水平的重要手段。中国企业改革与发展研究会指导研制和推荐的小程序"企业读书云平台"，为企业读书提供定制化线上服务，可以给每个企业开设专门账户，实现每个企业的个性化需求，为企业读书会赋予快捷、方便、高效、节约的服务支撑，非常适合大中型企业以各分子公司、业务单元为主体以及广大中小企业选择使用。

大力开展书香企业创建活动是落实政府工作报告关于"深化全民阅读活动"的具体行动，也是企业家和企业全员共读好书、终身学习的最佳载体和场景，总裁读书会将矢志不移，积极贡献，全力推动。

刘世英

总裁读书会创始人

总裁读书会全国领读者联盟理事长

2024 年 3 月 15 日